A PROPOS

D'UN LIVRE A FIGURES VÉNITIEN

DE LA FIN DU XVe SIÈCLE

ESSAI BIBLIOGRAPHIQUE

PAR

LE DUC DE RIVOLI

PARIS

GAZETTE DES BEAUX-ARTS

1886

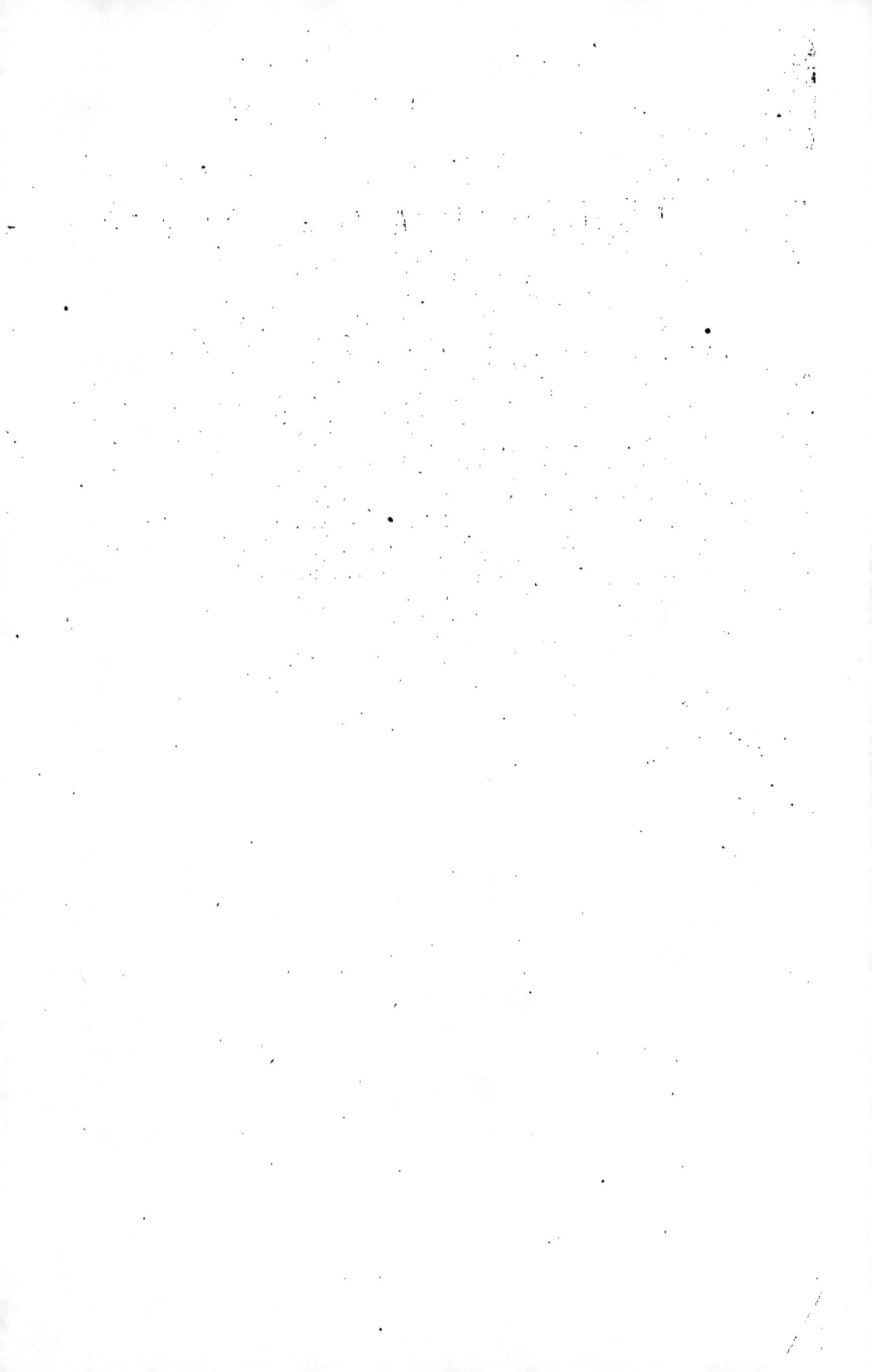

A PROPOS

D'UN LIVRE A FIGURES VÉNITIEN

DE LA FIN DU XVe SIÈCLE

A PROPOS

D'UN LIVRE A FIGURES VÉNITIEN

DE LA FIN DU XVᵉ SIÈCLE

ESSAI BIBLIOGRAPHIQUE

PAR

LE DUC DE RIVOLI

PARIS
GAZETTE DES BEAUX-ARTS
8, RUE FAVART
1886

A PROPOS

D'UN LIVRE A FIGURES VÉNITIEN

DE LA FIN DU XVᵉ SIÈCLE.

———

Dès sa naissance, l'imprimerie atteint presque son apogée; il lui faut moins d'un demi-siècle pour passer de l'enfance à la jeunesse et de la jeunesse à la maturité. Avant la fin du XVᵉ siècle elle produit des œuvres si accomplies que les âges suivants ne dépasseront point l'art consommé des premiers temps. Sans parler de Gutenberg, de son associé Fust et des Coster, les Sweynheim et les Pannartz, les Jean et Vindelin de Spire, les Nicolas Jenson, les Caxton, les Gregorius, les Koburger, les premiers Giunta, les Aldes et tant d'autres portent le nouvel art jusqu'à la perfection. Et la qualité n'exclut pas le nombre.

Partout on imprime, on débite, on exporte, on importe; sortis de Mayence et de Strasbourg, les maîtres ouvriers se répandent dans toute l'Europe, enseignant leurs procédés et formant des élèves. Louis XI appelle à Paris trois d'entre eux, Ulric Gering, Martin Krantz et Michel Freyberger; d'autres s'établissent à Rome, à l'ombre du Vatican; d'autres à Venise, à Florence, à Milan; d'autres enfin à l'extrémité de la péninsule espagnole, en pleine Andalousie. Un vaste réseau d'actifs imprimeurs couvre tout l'Occident; ils forment comme une sorte de franc-maçonnerie savante, unie et solidarisée par de perpétuels rapports; ils s'associent, s'envoient leurs livres, trafiquent et échangent, correspondent sans cesse, se prêtent les bois de leurs gravures, se contrefont et se pillent quelquefois. On est tout étonné de retrouver dans tel ou tel ouvrage paru en Italie des estampes qu'on a déjà rencontrées dans un exemplaire allemand [1], de suivre les mêmes bois, jusqu'à leur extrême décrépitude, à travers une infinie variété d'éditions dues aux imprimeurs les plus différents.

Le mouvement de la Renaissance secondait cette infatigable activité des nobles artisans et était secondé par elle. On voulait apprendre tout en même temps; une étonnante avidité de lecture consumait les esprits; on lisait, un peu à l'aventure, sans choix ni discernement. Une édition des *Colloques* d'Érasme, tirée à Paris, à vingt-quatre mille exemplaires par Simon de Colines, est enlevée en quelques semaines et on la détruit tellement à force de la lire que le curieux Renouard n'en connaissait que deux exemplaires, et encore étaient-ils mutilés.

Venise, la fastueuse et savante Venise, où les Bellini peignent pendant que les Aldes impriment, est un de ces foyers d'ardentes études et d'incessantes publications. Là fleurissent à la fois les imprimeurs venus du dehors et ceux de la cité, les rudes noms germains et les noms italiens aux molles désinences. Dans le camp allemand, Jean et Vindelin de Spire, qui en 1469 importent l'imprimerie à Venise, Johannes de Colonia, Erhardt Ratoldt, Christoph Waldarfer, Renner de Hailbrun, Walch et autres; du côté des Italiens, Bartholomeus de Crémone, Philippe di Pietro, Matheo Capcasa, les frères Gregorius, Bernardinus Benali et la grande famille des Alde Manuce. Il ne faut point oublier le glorieux Français,

---

1. Ainsi, pour ne citer qu'un exemple, les bois d'un *Virgile*, publié à Strasbourg en 1502, par Grüninger, reparaissent dans une édition imprimée à Venise en 1522, par Gregorius de Gregoriis, pour Luc-Antonio Giunta. Ces bois allemands font un étrange effet au milieu d'un livre italien.

Nicolas Jenson, directeur de la Monnaie de Tours, qui, envoyé par Louis XI à Mayence pour y surprendre les secrets du nouvel art, alla s'établir à Venise[1] au lieu de revenir en France, y conquit le premier rang et fut créé *comes palatinus* par Sixte IV.

Dans les trente dernières années du xve siècle, cette légion d'imprimeurs, qui établissent près de deux cents officines, vulgarise les grands Italiens, Dante, Pétrarque, Boccace, et donne les éditions

RÉSCRRECTION DE LAZARE

(Méditations sur la Passion du Christ. Matheo da Parma et Benali, S. D.)

princeps des vieux auteurs latins; en 1494, Alde Manuce fond les premiers caractères grecs et inaugure par une édition du divin Platon la série de ces classiques revus et corrigés par les réfugiés de Constantinople.

1. Venise, d'ailleurs, respectait et honorait tout particulièrement les manuscrits et les livres; elle considérait comme son plus précieux trésor les fameuses collections de manuscrits léguées à elle par Pétrarque et par le cardinal Bessarion. Elle fit ériger pour les conserver la Libreria Vecchia, un des plus beaux modèles de l'architecture du xvie siècle. Le titre de bibliothécaire de la *Marciana* était

Un des livres sortis le plus fréquemment des presses vénitiennes est un petit in-4° en langue italienne, composé de méditations sur la Passion du Christ, dont le fond est emprunté à saint Bonaventure, à Nicolas de Lyra et *altri doctori et predicatori approbati.*

Ce sont surtout les *Méditations de la vie du Christ* de saint Bonaventure que le compilateur italien a mises à contribution. Cette préférence s'explique du reste par l'éclatante renommée du docteur séraphique, le protégé de saint François d'Assise. La tradition rapporte que, menacé de mort dans son enfance, il avait dû la vie à l'intercession de saint François imploré par sa pieuse mère Marie de Bitelli. Avant de s'endormir dans le Seigneur, le grand saint voulut revoir l'enfant qu'il avait sauvé. « Rempli alors d'une sorte d'extase prophétique, et entrevoyant dans l'avenir les grands services que ce faible enfant rendrait à l'Église et la gloire qu'en retirerait son ordre, il s'écria : *O buona ventura!* O l'admirable destinée! O la bonne aventure! Et depuis lors Jean de Fidenza ne fut plus nommé que Jean Bonaventure [1]. » Pour acquitter le vœu de sa mère, Bonaventure s'enrôle à vingt-deux ans dans l'ordre des Franciscains; attiré par la réputation européenne de l'université de Paris, il y suit pendant trois ans, avec saint Thomas d'Aquin, les leçons d'Alexandre de Hallès, le docteur irréfragable, et devient bientôt lui-même un maître écouté. Par humilité il ne veut recevoir le bonnet de docteur qu'après saint Thomas d'Aquin, son plus illustre rival et son plus cher ami. L'un et l'autre étaient admis à la table de saint Louis, et Bonaventure écrivait pour une des filles du roi son traité du *Gouvernement de l'âme.* Appelé au généralat de l'ordre des Franciscains, vivant tantôt dans la retraite, tantôt dans l'éclat des missions apostoliques, contribuant à l'élection de Clément IV, promu, malgré lui, cardinal et évêque d'Albano par Grégoire X, le docteur séraphique trouve le temps d'écrire un nombre considérable d'ouvrages, parmi lesquels les *Méditations de la vie du Christ*, composées pour une religieuse de Sainte-Claire, qu'on croit être sainte Élisabeth, sœur du roi, et les *Louanges de la bienheureuse Vierge Marie*, imitées en vers par le grand Corneille [2] (1665).

Au concile de Lyon, ouvert en mai 1274, saint Bonaventure

recherché par les plus illustres patriciens vénitiens. Trois bibliothécaires furent nommés doges (Voy. *Venise*, de M. Yriarte).

1. Voy. les *Méditations de la vie du Christ* par S. Bonaventure, traduites en français par M. Henry de Riancey. Paris 1881.

2. Il n'est point sûr que ces *Louanges de la sainte Vierge* soient de sain

siège à la droite du pape. Cinq cents évêques, soixante-dix abbés et plus de mille autres prélats s'étaient réunis dans l'église primatiale de Saint-Jean pour tenter une entreprise difficile, la conciliation des schismatiques grecs et de l'Église latine. On put croire un instant que la concorde était rétablie : les négociations habilement conduites par Bonaventure, dont les ambassadeurs de l'empereur Michel

LA FLAGELLATION.

ravure tirée des *Méditations sur la Passion*. (Matheo da Parma et Benali, S. D.)

Paléologue vantaient la douceur et la science, aboutirent à un résultat qui semblait décisif. Montant dans la chaire de Saint-Jean, le savant franciscain célébra l'union des deux Églises en une magnifique harangue sur ce texte de Baruch : « Lève-toi, Jérusalem ! Monte sur les hauteurs, regarde à l'orient et vois tes enfants rassemblés depuis le levant jusqu'au couchant. » Épuisé par les fatigues

Bonaventure : « Plusieurs, dit Corneille, doutent si cette pièce est de lui, et je ne suis pas assez savant en son caractère pour en juger. Elle n'a pas l'élévation d'un docteur de l'Église, mais elle a la simplicité d'un saint et sent assez le zèle de son siècle. »

de ce concile dont il était l'âme, il survécut peu à son triomphe. Il fut enlevé par une courte maladie à l'âge de cinquante-trois ans. Deux siècles après, sa canonisation était sollicitée par l'empereur Frédéric III, par Louis XI, par Mathias Corvin, par Ferdinand de Sicile, par le doge de Venise et autres souverains. Après une enquête solennelle, suivie de trois jours de jeûne, le pape Sixte IV fit inscrire Bonaventure au nombre des saints [1].

Tant d'honneurs accordés à la mémoire de Bonaventure, vers la fin du xve siècle, devaient signaler son nom, entre tous ceux de la scolastique, à l'attention des fidèles. Aussi voit-on dès les premiers temps de l'imprimerie les presses occupées à populariser ses œuvres. Les *Méditations* seules, abrégées par le compilateur vénitien, sont publiées au moins dix-neuf fois de 1480 à 1517, à Milan, à Florence et surtout à Venise.

Sept de ces éditions sont données de 1489 à 1494 par Matheo Capcasa [2] ou di Codecha [3] da Parma, établi à Venise.

Elles sont toutes, à quelques détails près, semblables pour le texte et ornées des mêmes bois. Une seule de ces éditions se distingue nettement des autres par la qualité supérieure et l'exécution plus soignée des vignettes. Elle ne porte aucune date ; mais comme elle est donnée par Matheo da Parma et Bernardino Benali réunis, et qu'on sait que l'association de ces deux imprimeurs [4] commença dans les derniers mois de 1490 et finit en 1491 [5], cette édition doit être

1. Sixte-Quint, par sa bulle *Triumphantis Hierusalem*, rangea saint Bonaventure au nombre des docteurs (1587) et créa près de l'église des Douze-Apôtres un collège où l'on devait enseigner exclusivement la théologie de l'illustre franciscain.

2. Dans ses *Memorie degli scrittori e letterati parmigiani*, t. III, p. xl, Affò dit : « Matheo Capcasa eut le courage d'ouvrir une imprimerie à Venise, malgré le grand nombre d'artistes déjà rassemblés dans cette cité. Nous l'y trouvons livré à un travail assidu de 1482 à 1495 ; tantôt imprimant seul, tantôt en société, uni soit avec Bernardino Pino da Como, soit avec Bernardino Benalio da Bergamo. » Affò ajoute que les premiers éditeurs de Venise, entre autres Luc-Antonio Giunta le Florentin et Ott. Scotto firent souvent appel aux presses de Capcasa et qu'on doit à cet imprimeur les éditions toscanes *di purissima antica lingua ricercatissima*.

3. Malgré la différence de ces noms de Capcasa et de Codecha, le second n'est que l'altération vénitienne du premier.

4. Ils publièrent pendant cette courte collaboration un *Divi Bernardi doctoris clarissimi et abbatis clarevalensis...* (décembre 1490), un *Perse* et une édition illustrée de la *Divine comédie*.

5. Voyez le *Dictionnaire bibliographique choisi du XVe siècle* par la Serna Santander, première partie (Bruxelles 1805), p. 196, où il est dit que Benali imprima de 1484 à 1500, et qu'il fut l'associé de Capcasa en 1491.

de l'année 1491. C'est d'ailleurs la date que lui assigne Affò, le seul qui la cite, en ces termes : « In-4° con figure intagliate in legno a puri contorni di buona maniera. » Elle est d'une extrême rareté : nous n'en avons rencontré qu'un exemplaire, malgré nos minutieuses recherches dans les bibliothèques publiques et dans certaines collections privées. C'est cette édition que nous allons décrire.

LE COURONNEMENT D'ÉPINES.

Gravure tirée des *Méditations sur la Passion*. (Matheo da Parma et Benali, S. D.)

Elle comprend 34 pages à 41 lignes (enregistrées *a*8, *b*6, *c*6, *d*8, *e*6) en caractères latins, sans initiales, et a pour titre :

INCOMINCIANO LE DEUOTE MEDITATIONE SOPRA LA PASSIONE DEL NOSTRO SIGNORE CAUATE ET FŬDATE ORIGINALMĒTE SOPRA SANCTO BONAUĒTURA CARDINALE DEL ORDĪE MINORE SOPRA NICOLAO DE LIRA : ETIAMDIO SOPRA ALTRI DOCTORI ET PREDICATORI APPROBATI. A la fin, dix vers répartis en deux colonnes, sur la faute de nos premiers pères, sur la douloureuse expiation de cette faute et cette souscription : *Finisse le meditatione del nostro signore impresse in Venetia per Bernardino di Benali et Matheo da Parma. A honore de lo omnipotente Dio. E della gloriosa Virgine Maria. Amen.*

Les méditations qui composent ce livre sont les suivantes :

Jésus-Christ à Béthanie, annonçant sa prochaine Passion.

Méditation sur l'humble entrée de Notre-Seigneur à Jerusalem, et comment il montra une très grande humilité.

Méditation du retour de Notre-Seigneur Jésus à Jérusalem après le jour des Rameaux.

Méditation comment Notre-Seigneur Jésus fit la cène avec ses disciples et du lavement des pieds. Et de l'institution du Sacrement.

Du sermon que fit Jésus à ses disciples après la cène.

Méditation comment Notre-Seigneur alla au jardin pour faire une oraison à son Père céleste.

Méditation comment Notre-Seigneur fut pris et de la Passion qu'il supporta jusqu'à l'heure de prime.

Méditation comment Notre-Seigneur fut présenté à Pilate et de la Passion qu'il souffrit jusqu'à l'heure de tierce.

Méditation comment Notre-Seigneur fut battu et flagellé à la colonne.

Méditation comment Notre-Seigneur Jésus couronné fut montré au peuple et de la sentence donnée par Pilate et de la Passion qu'il souffrit depuis l'heure de tierce jusqu'à l'heure de sexte.

Méditation comment Notre-Seigneur Jésus porta la croix et comment il fut conduit au mont Calvaire pour être placé sur le bois de la croix; et des choses qui arrivèrent dans le chemin.

Méditation de la cruelle crucifixion de Notre-Seigneur Jésus faite sur le mont Calvaire.

Méditation comment la croix fut dressée en l'air et des sept flammes d'amour qui sortirent de la fournaise de l'aimant Jésus placé sur le bois de la croix.

Méditation du gémissement de la Vierge Marie et du disciple chéri ensemble avec les deux Marie; et de la troisième flamme sortie de l'ardente fournaise de l'aimant Jésus.

Méditation de l'obscurcissement du soleil vers l'heure de none et de la quatrième flamme sortant du cœur de l'aimant Jésus.

Méditation de la cinquième et de la sixième flamme sortie de la fournaise de l'aimant Jésus, c'est-à-dire sitio et consummatum est.

Méditation sur le dernier soupir de Notre-Seigneur Jésus et des choses qui arrivèrent à l'heure de sa mort.

Méditation de ce qui arriva après la mort de Jésus et du gémissement de Marie avec les autres Marie quand le Christ fut mort et quand elles l'enlevèrent de la croix.

Méditation comment les disciples retournèrent à la mère de Jésus.

Méditation comment les Juifs placèrent un gardien au sépulcre. Et comment son âme descendit aux limbes et comment il délivra son peuple.

Méditation comment les Marie allèrent au sépulcre et comment elles trouvèrent que Notre-Seigneur était ressuscité.

Le rédacteur italien suit d'assez près son principal auteur, saint Bonaventure ; il semble s'être inspiré de ces paroles du texte qu'il

LA FLAGELLATION.

(Gravure tirée des *Méditations* de Matheo da Parma, datées 1489.)

abrège : « Afin que les actions de Notre-Seigneur Jésus-Christ fassent plus d'impression sur vous, je les raconterai comme si elles s'étaient passées de la manière qu'on le peut représenter par l'imagination, car nous pouvons ainsi méditer l'Écriture même, pourvu que nous n'y ajoutions rien de contraire à la vérité, à la foi et aux bonnes œuvres. » Il a su, tout en réduisant l'original aux proportions d'un manuel portatif de prières [1], conserver avec une intelligente fidélité l'onction pénétrante, l'insinuante familiarité et le ton mystique du

1. L'abréviateur italien laisse de côté tout ce qui dans saint Bonaventure est antérieur à la Passion du Christ, c'est-à-dire les trois quarts du livre. Dans les méditations sur la Passion même, il retranche sans pitié les considérations un peu longues, d'ailleurs, du saint auteur sur chacun des incidents du martyre.

saint auteur; il reproduit souvent des phrases entières du texte latin et, s'il les accompagne de certaines réflexions tirées de Bonaventure, il leur communique un accent d'amour plus chaleureux, presque sensuel, surtout lorsqu'il s'agit de la *Maddalena innamorata*. La Vierge même n'échappe pas à ces licences d'expressions, et il est question *del ventricello dell' amorosa Vergine incarnato*. Jésus aussi, *Missere Jesu*, se prête avec quelque complaisance aux tendresses, trop terrestres peut-être, dont il est entouré. Qu'on n'aille pas croire que ces chaudes exagérations de langage nuisent en rien à la sincère dévotion du traducteur; un ton d'ardente piété règne à travers tout le livre, bien fait dans sa simplicité pour entretenir et stimuler la ferveur d'une âme chrétienne. Saint Bonaventure, ce Fénelon de la scolastique, dont Gerson vantait l'excellente théologie, n'eût pas renié son naïf abréviateur [1].

Le texte des *Devote Meditatione* est orné de quatorze gravures sur bois qui représentent :

1º La *Résurrection de Lazare* (a 1);
2º L'*Entrée à Jérusalem* (verso a 2) ;
3º La *Cène* (a 5);
4º Le *Jardin des Oliviers* (verso b 1);
5º Le *Baiser de Judas* (verso b 3) ;
6º Le *Christ devant Pilate* (c 1);
7º La *Flagellation* (verso c 3);
8º Le *Couronnement d'épines* (c 5);
9º Le *Portement de croix* (d 1);
10º Le *Christ en croix entre les deux larrons* (verso d 3);
11º Le *Crucifiement* (d 4);
12º La *Pieta* (verso e 3);
13º La *Mise au Tombeau* (verso e 3) ;
14º La *Résurrection* (verso eb).

1. Quant à Nicolas de Lyra et autres docteurs, ils n'ont fourni qu'un contingent insignifiant. Nicolas de Lyra (1270-1340) est d'ailleurs un des théologiens les plus estimés de son temps. Né à Lyre, bourg situé près d'Évreux, il fut reçu docteur en théologie à l'université de Paris où il professa bientôt avec succès, devint provincial de l'ordre des Cordeliers pour la Bourgogne, et fut désigné en 1325 par Jeanne, reine de France, comme un de ses exécuteurs testamentaires. Son principal ouvrage, *Postillæ perpetuæ, sive brevia commentaria in universa Biblia*, fut imprimé à la fin du xvᵉ siècle une vingtaine de fois. On a un témoignage de l'enthousiasme que provoqua son vaste savoir dans ce pitoyable distique d'un contemporain :

Si Lyra non lyrasset
Totus mundus delirasset.

Ces vignettes, entourées tantôt d'un simple cadre à deux filets, tantôt d'un double cadre à deux filets, occupent toute la largeur de la page et ont une dimension d'environ 105 millimètres de largeur sur 102 environ de hauteur, sauf trois d'entre elles : la petite

THÉSÉE ET LE MINOTAURE.

Gravure tirée d'un *Plutarque*, imprimé à Venise. (Giovanni Ragazo de Monteferrato. 1491.)

Crucifixion (verso de la page *d* 3), la *Pieta* (verso *e* 1) et la *Mise au tombeau* (verso *e* 3), qui n'excédent guère 45 ou 50 millimètres. Tous ces bois, sentant l'École des Bellini, non sans quelque influence mantegnesque, sont remarquables par un soin délicat qu'on relève rarement dans les illustrations contemporaines de ce genre. Malgré l'exiguïté du format, l'ordonnance aisée des scènes, le dessin souple des figures, la grâce savante des mouvements, l'instinct des combinaisons ornementales leur méritent une place à part. Les têtes, pleines de caractère, expriment éloquemment les sentiments qui

LETTRE P.

Tirée du *Saint-Jérôme* Gregorius de Gregoriis. (Venise, 1497-98.)

animent les acteurs; les draperies, simples et belles, tombent en

LETTRE N.

Tirée des *Postilles de Nicolas de Lyra.* (Venise, O. Scotto, 1489.)

plis faciles et élégants; le décor surtout, formé de paysages ou
de détails d'architecture dans le pur style de la Renaissance, est

toujours en parfaite harmonie avec le sujet représenté, et permet
un heureux agencement des figures et des fonds. Les motifs d'architecture où, comme dans beaucoup de bois vénitiens de l'époque,
l'arcature joue un rôle prépondérant, sont choisis avec une rare

LETTRE E.

Tirée du *Saint-Jérôme* Gregorius de Gregoriis. (Venise, 1497-98.)

sûreté de goût et produisent, sans effort, l'effet le plus pittoresque.
Il est évident que les dessins de ces bois ont été exécutés par un artiste
de premier ordre; le tailleur en bois n'a pas, si l'on songe aux

LETTRE N.

Tirée des *Postilles* de *Nicolas de Lyra*. (Venise, O. Scotto, 1489.)

moyens limités de son interprétation, trop altéré la composition
originale; la taille est fine et nette, au simple trait indiquant seulement les contours selon la mode vénitienne, sans aucun emploi des
ombres; le tirage est soigné. En somme ces bois sont de beaucoup
supérieurs aux vignettes contemporaines les plus estimées, et égalent
les meilleures de la *Bible de Mallermi* et du *Boccace* de Venise de 1492.

3

La même main et le même esprit se reconnaissent sans hésitation dans la gravure de *Thésée et le Minotaure* qui forme le titre du *Plutarque* imprimé à Venise par Giovanni Ragazo de Monteferrato, cette même année 1491, et dans les *Postilles* de Nicolas de Lyra (Venise, Ottoviano Scotto, 1489) dont deux lettres initiales montrent saint Jérôme dans sa cellule et l'auteur lisant.

Cette édition, répétons-le, est très supérieure à toutes celles des *Devote Meditatione* [1]. Les autres éditions de Capcasa seul ou de ses confrères vénitiens sont d'une exécution beaucoup moins soignée. Le premier type de cette série est le petit in-4°, qui se termine ainsi : *Finisse le meditatione del nostro signore Iesu Christo con li misterii posti in figura impresse in Venitia per Matheo di co de cha da Parma del. MCCCC LXXXIX adi XXVII de Februario.* Au-dessous de cette indication, la marque typographique de Matheo : un rectangle à fond noir encadrant dans sa partie inférieure un cercle divisé en deux sections, la supérieure contenant les lettres majuscules M C séparées par un rayon vertical, l'inférieure une maisonnette et la majuscule P; la sécante est coupée hors du cercle par deux lignes horizontales d'inégale longueur qui forment avec elle une croix de Lorraine. Selon l'usage des imprimeurs de ces temps, qui traduisaient volontiers leur nom en rébus, la maisonnette (*casa*) figure évidemment la dernière partie du mot Capcasa; les trois majuscules et cette maisonnette signifiant Matheo Capcasa Parmensis. Cette édition, en caractères romains, contient trente-quatre pages registrées *a b c d e* à 40 lignes par page. Elle est illustrée de onze gravures d'environ 80 millimètres sur 75; les sujets des gravures sont les mêmes que dans l'exemplaire auquel nous assignons la date de 1491.

Pourquoi l'exemplaire de 1491 ne se borne-t-il pas à reproduire les vignettes de 1489, déjà répétées par une édition de 1490? Pourquoi les éditions immédiatement postérieures à 1491, celles de 1492, au nombre de trois [2], et de 1494, toutes les quatre données par Matheo,

---

1. Disons cependant que dans plus d'un cas l'auteur des gravures de l'édition sans date s'est inspiré des bois d'une édition antérieure datée de 1489. L'analogie la plus frappante existe entre les *Flagellations* de ces deux livres.

2. Deux au moins offrent les bois de l'édition de 1489; la troisième ne nous est connue que par l'indication trop sommaire de Panzer (t. III, n° 1534), qui ne décrit pas les vignettes. Il faut remarquer en outre que l'unique différence existant dans les deux éditions que nous avons vues est l'omission, dans l'une d'elle, de la *Pieta* remplacée par la *Mise au tombeau* qui se trouve ainsi insérée deux fois dans le même livre.

emploient-elles les bois de 1489 au lieu de préférer les vignettes de 1491 [1] ?

C'est là un problème bibliographique dont la solution est difficile. On peut croire que l'édition de 1491, vendue plus cher peut-être, s'adressait à un public d'élite; que Benali devenu l'associé de Capcasa, mécontent des bois de 1489 et 1490, voulut attacher son nom à une publication plus artistique [2]; enfin que Capcasa, resté seul, crut devoir ne se servir pour ces éditions courantes que des bois primitifs.

PARMI ce grand nombre d'éditions des *Devote meditatione*, les bois de 1491 se maintiennent au premier rang; toutefois ceux des autres éditions, quoique d'une taille plus rudimentaire, ont comme eux le charme pénétrant de ces années de la jeune Renaissance et appartiennent à la même famille, visant moins à *illustrer* [3] et à parer le livre qu'à donner un commentaire graphique du texte, propre à résumer le sujet de la méditation et à frapper l'œil du pieux lecteur. Quelques-uns sont signés de la minuscule *b*, mais ceux mêmes qui ne portent pas ce monogramme sortent vraisemblablement de la même main, reconnaissable à travers certaines inégalités de la taille, et qui parait avoir été d'une étonnante fécondité. Sans vouloir énumérer toutes les œuvres auxquelles elle a prêté son concours, nous donnons une liste par ordre de dates des livres, de nature très diverse, que nous supposons illustrés par elle, partiellement ou en totalité.

Biblia vulgare istoriata (si connue sous le nom de *Bible de Mallermi*), sur le feuillet *a-1*; in-folio. Le registre, la table et le prologue

---

1. Seul, le petit bois, le *Christ en croix entre les deux larrons*, est emprunté à l'édition de 1490, dont la *Mise au tombeau* a été pour ainsi dire copiée, dans un cadre très restreint, pour l'édition sans date. On rencontre, çà et là, dans les éditions postérieures, les trois petits bois de 1491; la *Grande crucifixion* de la même année reparait deux fois dans une édition vénitienne de 1512.

2. Et cela d'autant plus que Benali et Capcasa publient en cette même année 1491 une *Divine comédie* de Dante supérieure par son luxe typographique à l'édition antérieure de Pietro Cremonese.

3. C'est ce qu'a fort bien remarqué M. Lippmann dans son travail *Der Italienische Holzschnitt im XV Jahrhundert*, p. 58.

occupent les huit premiers feuillets. Au recto *a*v et au verso *a*vi, petits bois représentant Nicolo de Mallermi et saint Jérôme écrivant; ce dernier (*a*v) avec le lion couché à ses pieds. Au recto *a*8, six petits bois (58 mill. sur 56), *les six jours de la création*, entourés d'un magnifique encadrement qui est répété sur le feuillet suivant, *b*. Cet encadrement, figurant un monument funéraire appliqué aux murs des églises italiennes de style de la Renaissance, est composé d'un bas-relief formant soubassement au milieu duquel se détache un écu vide, attaché par une cordelette sur laquelle s'enroule la queue de deux monstres marins, flanqués de deux cavaliers nus, sonnant de la trompe; de chaque côté un satyre musicien. Sur ce soubassement

LE SACRIFICE D'ABRAHAM.
(*Bible de Mallermi.* Venise, 1490.)

s'élève un motif architectural de deux pilastres sur piédestaux, couronné d'une corniche architravée sur laquelle s'appuie un tympan semi-circulaire ne couronnant qu'une partie de la corniche et accoté de deux têtes de dauphins, se terminant en enroulements de feuillages. Ce tympan renferme un arc d'un autre diamètre où se trouve le Saint-Esprit en forme de colombe éployée; deux chérubins soufflant remplissent les champs triangulaires entre les deux cercles. Un aigle sur une boule, placé de chaque côté du tympan, sert d'antéfixe au couronnement. Une succession de mascarons barbus, reliés par des bandelettes et des rinceaux, occupe le champ de l'architrave qui s'appuie sur deux chapiteaux d'ordre composite. La face de chaque pilastre est ornée d'un médaillon elliptique contenant un buste d'empereur romain et de légers rinceaux. Les faces des piédestaux qui supportent cet ordre sont en partie cachées par un groupe de deux dieux marins dont l'un, une main posée sur le sol, s'appuie de l'autre sur la hampe d'un trophée autour de laquelle s'enroule la queue de l'autre dieu marin. Un feston de fleurs, de fruits, de masques, suspendu au-dessus du trophée, passant derrière les aigles, vient remplir les vides de l'encadrement, ainsi que deux boucliers lunaires dont l'ombos est formé par deux mufles léonins. Entre le filet typographique et l'ensemble du motif architectural, une indication de plan de terrain. Au verso du feuillet *b*, en tête, un N encadré (58 m. m. sur 58), Dieu le Père entouré de chérubins, bénissant de la main droite et tenant le globe de la main gauche. Le même encadrement, sauf le tympan, a servi pour le *Tite-Live* de 1492. Formes de huit pages registrées, pour la première partie, de *a* à *a*8 jusqu'à *g*8, puis

LE CHRIST GUÉRISSANT UNE FEMME INFIRME (ÉVANGILE DE SAINT LUC).
(*Bible de Mallermi*. Venise, 1490.)

de *aa* à *aa*8 jusqu'à *cc*6 et, pour la seconde, de AA à AA8 jusqu'à PP8 et de A à A8 jusqu'à M6. — Lettres ornées, soit à fonds noirs, soit au trait, dans le genre des vignettes; 205 bois pour la première partie et 175 pour la seconde, dont plusieurs répétés; ces bois sont inspirés de ceux de la Bible de Cologne de 1480, réimprimée en 1483 par Koburger de Nuremberg. — La seconde partie commence AAı par un très beau grand bois de 122 sur 115 m. m. representant Salomon dormant sur un lit de repos. Même bordure (sauf Dieu le Père bénissant et remplaçant le Saint-Esprit comme ci-dessus.) Au feuillet L8, après l'*Apocalypse* : *a Laude et gloria*. . . . .
. . . . . *Qui finisse la Bibia uulgare hystoriata stampata ne lalma citta de Venetia per Giouanne Ragazo A in stantia di Luchantonio di Giunta Fiorentino Sotto gli añi de la nostra redētione. M. CCCCLXXXX. A di. XV de Octubrio Sotto el pontificato Maximo Innocentio octauo Regnante Agustino Barbarigo Inclito Principe de Venetia.* FINIS. Au-dessous de FINIS com-

mence la *Vie de saint Joseph*; au verso Mɪ, la table de la seconde partie.
A la fin de la table, la fleur de lys rouge de Giunta. Depuis l'*Évangile
de saint Mathieu* Aɪɪɪɪ jusqu'à Cɪɪɪɪ, les bois sont moins bien taillés et
certainement d'une autre main ; ils ressemblent, par la grosseur des
têtes et les formes communes des personnages, à quelques vignettes
de l'édition des *Méditations* de 1497 et à celle qui suit le colophon des
Méditations de 1492. A partir du verso Cɪɪɪɪ, le petit *b* reparaît, mais
mélangé avec les vignettes dont on vient de parler. Le verso du feuillet Dɪɪ, recto et verso, Dɪɪɪ et Dv, portent pour la première fois la
marque .*b.* très différente du petit *b* que l'on voit si souvent dans cette
Bible, dans le Dante, dans Boccace, etc. Elle est moins finement taillée,
les contours sont anguleux et le *b* est entre deux gros points, tandis
que le petit *b*, d'une taille très fine, placé soit dans un angle soit près
du cadre, est souvent à peine visible. Cette marque se trouve sur peu
de vignettes ; il semble que l'auteur, qui cherche à imiter les bois
signés petit *b*, ait voulu, en adoptant la même lettre pour signature,
se confondre avec son modèle. La *Résurrection de Lazare* (Évangile de
saint Jean, Eᴠɪ) est une réduction de celle des *Meditatione* de 1489,
mises à contribution par cette Bible pour plusieurs bois de la Passion.
Au verso D8, le *Christ devant Pilate*, le même que celui des *Méditations*
de 1512. Les bois des deux auteurs s'entremêlent à la fin de l'ouvrage.
(Bibl. Nat. Inv. A. n° 359. A. 191.) Cette première édition de la *Bible
de Mallermi* a été utilisée avec plus ou moins de changements pour
un certain nombre d'éditions postérieures, parmi lesquelles nous ne
signalerons que les suivantes :

Biblia vulgare historiada, sur le feuillet *a*ɪ ; in-folio. — La table et
le prologue précèdent les six vignettes représentant *les six jours de la
création* qui sont entourés, ainsi que le feuillet *b*, première page du
texte, d'un encadrement vénitien que nous retrouvons dans le
Tite-Live de 1511, du même imprimeur. La première partie (208 ff)
comprend 242 vignettes tirées de l'édition de 1490, auxquelles on en
a ajouté d'inférieures. La seconde partie (201 ff) commence par le
Salomon endormi encadré de la bordure ci-dessus. Elle comprend
185 vignettes tirées de l'édition de 1490 et quelques autres bois
médiocres ; les lettres ornées sont toutes à fond noir. Au feuillet LL :
A Laude et gloria. . . . .
*. . . . . Qui finisse la Bibia vulgare hystoriada stampata in Venetia per
Bartholamio de Zanni da Portese. Nel M CCCCCII. Del mese de Aprile a
di vintiuno.* (Bibl. Nat. Inv. A. n° 360. A. 192.)

Biblia vulgare historiata, au feuillet *a*ɪ ; titre en rouge, et au-dessous, également en rouge, le grand lys des Giunta. Même justification et mêmes vignettes que dans l'édition précédente. Après la table, au dernier feuillet : *Stampata in Venetia per Bartholamio de Zanni da*

SALOMON DORMANT.

(*Bible de Mallermi*. Venise, 1490.)

Portes. Ad instantia di Luca Antonio de Giunta Fiorentino nel. M.D.VII. a di primo del mese di decembrio. (Bibl. Nat. Inv. A. n° 361. A. 193.)

Le vicomte H. Delaborde (la *Gravure en Italie avant Marc-Antoine*, page 236) cite les éditions de 1494 et 1498 comme contenant les mêmes gravures. Nous en connaissons une de 1498, in-4° de Bevilaqua, avec les mêmes vignettes, mais en plus petit nombre ; une, seulement, pour chaque partie de la *Bible*.

La *Divine comédie* de Dante ; in-folio. En tête du feuillet *a*ɪ, *Comento* *di christophoro Landino fiorentino sopra la comedia di Danthe alighieri poeta fiorentino;* puis neuf feuillets jusqu'à *a*10, puis la table de AA111 jusqu'à B, puis enfin 319 pages y compris *le Canzone,* la pagination commençant à B par le chiffre arabe 11 jusqu'à 315. Formes de huit pages registrées de A à A8 jusqu'à Z8 se continuant de *a* à *a*8 jusqu'à *z*6. Cent bois de 82 sur 82 m.m. Un en tête de chaque chant; le bois du chant xx porte la marque *b.* Au verso *z*11 : *Et fine del comento di Christoforo Landino Fiorentino sopra la comedia di Danthe poeta excelletissimo. E impresso in Vinegia per Petro Cremonese dito Veronese : A di. XVIII. di nouebro. M.CCCC.LXXXXI emendato per me maestro piero da fighino dell ordine di frati minori;* viennent ensuite les *Canzone* finissant au verso *z*6 : *Qui finisse le canzone de Danthe.* (Bibl. Nat. Rés. Y⁺n.p.)

La *Divine comédie* de Dante; in-folio. En tête du premier feuillet, *Comento di Christophoro Landino florentino sopia la comedia di Danthe Alighieri Poeta fiorentino;* caractères romains ; 292 feuillets paginés en chiffres romains ; majuscules et minuscules ornées à fond noir. Six feuillets pour le *proemio.* En tête de l'*Enfer,* une gravure occupant toute la page (Dante et Virgile au sortir de la forêt, effrayés par les trois monstres), dans une belle bordure; la gravure est à fronton : au centre du fronton, Dieu le Père, en buste, bénissant; dans les coins, deux lions assis; au-dessous, une corniche soutenue par les chapiteaux de deux colonnes cannelées formant les côtés de la bordure; sur chacun des chapiteaux, un enfant nu tenant un vase ; autour de chaque colonne s'enroule la queue d'une sirène servant de base. Dans la partie inférieure, une frise au centre de laquelle un médaillon à écu, accoté de deux génies ailés nus, posant le pied sur un dauphin dont la queue s'enroule autour d'un buste d'empereur romain. En tête de chaque chant du poème, une vignette [1]. Avant le prologue du *Purgatoire,* une gravure occupant toute la page avec la bordure ci-dessus, gravure répétée au verso et montrant Dante et Virgile à l'entrée du purgatoire. Entre le prologue et le premier chant du *Paradis,* une gravure de même dimension dans la même bordure [2], Dante et Béatrix à

1. Les bois de ces deux *Dante* sont inspirés des gravures en taille douce attribuées à Baccio Baldini d'après les dessins de Botticelli. (Voy. *Gazette des beaux-arts,* mai 1885.)

2. Cette bordure se retrouve dans les *Triomphes* de Pétrarque, de Giovanni di Codeca da Parma, Venise 1492-1493, autour des six belles gravures : les Triomphes de l'Amour, de la Chasteté, de la Mort, de la Renommée, du Temps et de Dieu. L'ouvrage (Bibl. Nat. Res., 3892. A) présente cette particularité que, quoique imprimé par Giov. di Codeca, il porte la marque de Matheo que nous avons décrite.

DANTE ET VIRGILE AU SORTIR DE LA FORÊT.

(*Comedia di Dante*. Bern. Benali et Math. da Parma. Venise, 1491.)

4

l'entrée du paradis, inférieure aux deux autres. Au verso de la page
CCLXXXXI : *Finita e lopa deliclyto et divo dāthe alleghieri poeta fiorè-*
tino, etc., etc... *impressi i uenesia p Bernardino benali et Matthio da parma*
del MCCCCLXXXXI. adi. III. Marzo, etc., etc. ; au bas du feuillet
suivant qui est le dernier, au-dessous d'*Amen*, la marque de Benali
et Matheo : un rectangle en hauteur sur fond noir au bas duquel un
cercle divisé par un diamètre horizontal ; dans la partie inférieure

DANTE ET VIRGILE DANS LE CERCLE DES GÉANTS.
(*Comedia di Dante*. Pietro Cremonese, Venise, 1491.)

du cercle, un M sur fond blanc ; dans la partie supérieure, un B dont
la verticale se prolonge jusqu'au sommet du rectangle, cette ligne
étant coupée dans le haut par deux traits d'inégale longueur qui forment avec elle une croix de Lorraine.

Cette édition est postérieure à la précédente, l'année commençant
alors au jour de Pâques qui en 1491 tombait le 3 avril (Voy. l'*Art de*
vérifier les dates). Les bois sont des copies réduites, presque sans aucun

Sans doute Giovanne, parent de Matheo, était attaché à l'imprimerie de celui-ci.
La même bordure apparaît dans un *De natura animalium libri novem* d'Aristote,
Gregorius, Venise, 1492; dans un *Pétrarque* vénitien de 1503, imprimé par Alber-
tino da Lissona Vercellese, et dans d'autres ouvrages du temps.

changement, des bois de Veronese qui leur sont supérieurs. Quant
aux bois occupant toute la page, ils ne sont que les agrandissements
des vignettes correspondantes de Veronese.

La *Divine comédie* de Dante, in-folio. Sur le feuillet *a*1, *Danthe
aleghieri Fiorentino*, en lettres gothiques. Registré *a*8, *b*8, etc., se
continuant par A8, etc., jusqu'à O6. Chiffré depuis *a*1 jusqu'à CCXCIX,
plus le registre (O6). Au verso *a*1, même gravure que dans le *Dante*

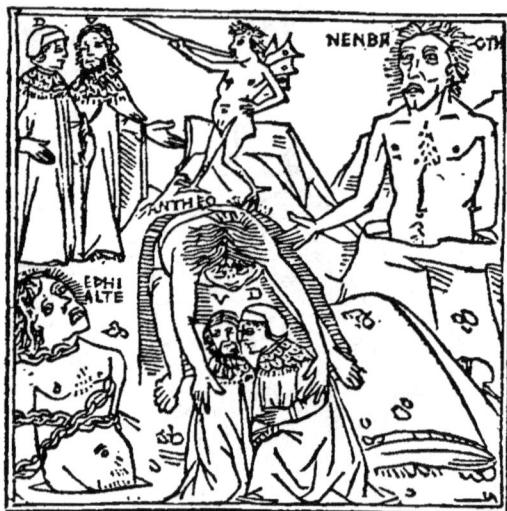

DANTE ET VIRGILE DANS LE CERCLE DES GÉANTS.
(Comedia di Dante. Bern. Benali et Matheo da Parma, Venise, 1491.)

de 1491 de Benali et Matheo da Parma avec le même encadrement qui,
ici, est entouré d'une charmante bordure faite de fleurs, de fruits,
d'arabesques, d'oiseaux et de masques. Cette bordure, d'environ deux
centimètres de largeur, est tout à fait dans le style de l'encadrement
de la gravure. Au feuillet *a*II, le texte commence par une très belle
N ornée, au simple trait. La page offre la même bordure que la page
précédente. Les vignettes et les grandes gravures sont les mêmes
que dans l'édition de Benali et Matheo. Nombreuses lettres ornées au
trait. Une seule grande gravure pour le Purgatoire, mais sans la
bordure; de même pour le Paradis. La grande gravure qui précède le
Paradis est moins fine et moins belle que les deux autres. Du reste il
en est de même dans l'édition de 1491. Au feuillet O5 : *Finita e lopa
dellinclito et divo Dãthe alleghieri, etc... Impressa in Venetia per Matheo di*

chodeca dá parma Del MCCCCLXXXXIII. Adi. XXXIX de Novembre.
O6. Registre. (Collection de M. Georges Duplessis).

Dante, in-fol. Au feuillet *a*, *Danthe alighieri fiorentino*, en gothiques.
Proemio Comento di Christoforo Landino de dix feuillets; au verso *a*,
le frontispice de l'*Enfer* tiré de l'édition de Benali et Matheo de 1491 ;
le champ central du tympan est en blanc; feuillet *a*II, bordure de
l'encadrement du frontispice de l'*Enfer*, empruntée à l'édition de 1493,
publiée par Matheo da Parma seul. Grandes et petites majuscules sur
fond noir. Bois de l'édition de Veronese. Le *Purgatoire* et le *Paradis*
sans frontispices. A partir du feuillet *a*II, jusqu'à l'avant-dernier
feuillet du volume, CCXCVII, pagination en chiffres romains. Au
recto du feuillet CCXCVII, *fine del comento di Christoforo Landino.....*
Impresse in Venetia per Pietro de Zuanne di quarengii da palazago berga-
masco. Del MCCCC. LXXXXVII. Adi. XI octubrio; sur la seconde
moitié de la page, *il credo di Danthe;* au verso du même feuillet, la
suite du *Credo*, puis le *Pater nostro di Danthe* et l'*Ave Maria di Danthe*,
au-dessous duquel AMEN. Au recto du dernier feuillet, le registre.
(Bibl. Nat. Rés. *g. Yd.* 1 [1].)

ite de Santi Padri, in-folio de 156 feuillets ; plus la table de *u*2 à *u*6. La page
*a*1, qui contenait le titre, manque dans
cet exemplaire (Bibl. Nat., Rés. C. 454);
ce titre devait occuper une seule ligne
comme celui de la *Bible de Mallermi*. Répétition de l'encadrement du frontispice
de la *Bible de Mallermi* (sauf le tympan
qui renferme Dieu le père en demi-figure,
regardant à gauche et bénissant des deux
mains), dont l'imprimeur et l'éditeur sont les mêmes. Le frontispice
de ces *Vite* (*a*4) est un des plus remarquables de cette école de gravures au trait; il offre au centre de la composition un berceau de
verdure et de fleurs abritant un lit sur lequel un martyr est étendu,
les membres liés; une jeune femme (meretrice) se penche vers lui :
« Non havendo altro remedio (dit le texte pour expliquer la scène)
di aiutare mordendosi la lingua si taglio et sputolla in facia di quella

1. Il est vraisemblable que cette édition de 1497 est celle que cite Brunet.

INCOMINCIA IL PRIMO LI
BRO DELE VITE DE ZANCTI
PADRI COMPILATO DA ZAN
TO HIERONYMO E PRIMA DI
ZANCTO PAULO PRIMO HE
REMITA COME LAZZO IL MO
NDO. CAPITVLO PRIMO
EL TEMPO DI
Decige di. Valeri
ano i pateri pfecu
tori de fideli chri
ftiani: Nel ql tem
po Cornelio a Ro
ma: e Cipriano a
cartagie furō martyizati: fo grāde pfe
cutiōe & ocifiōe di xpanii Thebayda
& i egipto. e uedēdo il tirāno che figno
regiaua i qlle cōtrate li Chriftiani con

grāde defiderio receuere il martyrio p
lo nōe di Chrifto inftigato dal dianolo
trouo noui & iufitati tormēti: ne qlitar
de moriffero : e molto cō tedio fe tor
mētaffero uolēdo p qfto modo pria oc
cidere laia chel corpo facēdoli negare
Chrifto p lo cui amore uolētieri mori
uano pur che tofto foffero ocifi: Ma
comme fcripfe il predefto Cipriano: il
quale dal predufto tyranno receuete il
martyrio. La crudelitade dil qual tyrā
no e la graueza dla pfecutiōe: acio che
melio fe cōnofca p li frafcripti doi me
morabili exēpli māfefto uenēdo a ma
no dl pdefto tyrāno uno chriftiano ua
lentiffimo e feruente: il quale per niu
no tormēto qtūq grāde fe mutana fece
lo ungeri di mele: e ligarti le māe drieto

meretrice » ; dans le haut, à gauche, un martyr nu [1], saint Cyprien, le corps couvert de miel, piqué par un essaim d'abeilles ; à droite, saint Paul se retirant dans le désert et, plus haut, le même saint dans une chaumière ; d'un côté du berceau, au premier plan, une fontaine ; de l'autre, un martyr que l'on décapite. Les vignettes, au nombre de 388, dont beaucoup fréquemment répétées, sont signées de quatre marques différentes, quoiqu'elles paraissent au premier abord d'une seule main. Ces marques sont le petit *b ;* le *b* plus grossièrement taillé, placé entre deux points, l'*i,* et le *J ;* les plus petites vignettes sont toutes empruntées à la *Bible de Mallermi,* entre autres celles qui portent les deux marques différentes *b.* De nombreuses lettres ornées, soit au trait, soit à fond noir. Au-dessous de la première colonne de la table *u2 : A Laude e gloria del oïpotente Idio et de la gloriosissima uergine Maria : e di Sãcto Ioãne Baptista. Qui finisse le uite di Sãcti padri uulgare hystoriate e stampate ne lalma citta de Venetia p Gioãne Ragazo de Moteferato Ad instantia di Luchantonio di Giunta Fiorentino Sotto gli ãni de la nostra redẽtioe. M.CCCCLXXXXI. A di. XXV. di zugno. Sotto el potificato Innocentio octauo. Regnante Augustino Barbadigo Inclito principe de Venitia. Finis.* A la fin de la table, verso *u5,* après : *Finisse la tabula de la uite di Sancti padri. LAVS DEO,* la marque rouge de Giunta, puis, *u6* le registre. (Bibl. Nat. Rés. C + 454. C. 633. A.) M. Lippmann (p. 86) signale un *Legendario di santi padri historiado vulgar,* imprimé à Milan en 1497, par Ulrich Scinzenzeler, dont les vignettes sont imitées, dit-il, de la Bible de Mallermi et autres livres vénitiens analogues. Ces vignettes semblent être copiées sur celles des *Vite di santi padri.*

Vita di santi padri vulgare historiata, in-folio. Titre gothique, *aı,* 154 feuillets, plus la table, du verso *uı* au recto *uvı ; aııı,* même bois que dans l'édition de 1491, mais l'encadrement est différent : le Père éternel, au centre, tourné vers la droite tient un livre d'une main et bénit de l'autre, tandis que dans l'édition de 1491 il est tourné vers la gauche. Les deux colonnes ornées, encadrant la composition centrale, reposent sur deux soubassements terminant deux colonnes rondes servant de bases aux autres ; dans la frise du bas, des Amours vendangeurs, un autre Amour portant un lièvre mort, au

---

1. Cette petite figure, d'un beau dessin, est un exemple de nu qu'on rencontre assez rarement (sauf dans le *Dante*) dans ces sortes de gravures. La planche a une grande analogie de facture avec le *Thésée et le Minotaure* du *Plutarque,* imprimé par le même Ragazo.

milieu, deux autres tenant un écusson. La partie supérieure de cet
encadrement, composée d'ornements accumulés sans élégance, est
d'un moins bon style que les bordures des ouvrages précédents et que

MARIAGE DE SAINT AMMON (VIE DE SAINT ANTOINE).
(Vies des saints Pères. Giovanni Ragazo, Venise, 1491.)

la partie inférieure de la page. 248 vignettes, les mêmes que dans
l'édition de 1491 [1]. Nombreuses lettres ornées, toutes au trait ; au

SAINT ANTOINE ET PAUL LE SIMPLE (VIE DE SAINT ANTOINE).
(Vies des saints Pères. Giovanni Ragazo, Venise, 1491.)

verso de la page 78, une charmante initiale E représentant Don
Nicolo, réduction du *Nicolo écrivant* de la Bible de Mallermi. Au
recto u-6 : *A Laude e gloria*. . . . .

1. Les imprimeurs de ces temps se pillaient avec un tel sans-façon et si peu
de discernement que la vignette tirée à l'envers dans l'édition de 1491 (chapitre
XVI, livre III) est reproduite également à l'envers dans cette édition (chapitre XVI,
livre III).

..... *Qui finisse le uite di santi padri uulgare hystoriale e stampate ne lalma citta de Venetia per Gioanne di cho de ca da parma. Ad instantia di Luchantonio di Giunta Fiorentino Sotto gli anni de la nostra redēptione. M.CCCCLXXXXIII. A di. III. di februario. Sotto el pontificato de Alexãdro sexto. Regnante Augustio Barbadigo iclito prīcipe de Venetia. Finis.* Puis le registre et, au-dessous, la marque rouge de Giunta. (Bibl. Nat. Rés. H-118. H-348.)

..

BOCCACE. — *Decamerone over cento novelle*, in-folio. « Au 4ᵉ feuillet, un frontispice très orné, plus en tête de chaque *giornata* une vignette en deux parties représentant les jeunes gens et les jeunes femmes du *Decamerone*. Cette vignette que l'on voit au commencement de la première journée et qui se retrouve au commencement de six autres — les 2ᵉ, 3ᵉ, 5ᵉ, 6ᵉ, 8ᵉ et 9ᵉ — est remplacée en tête de la 4ᵉ par une vignette différente, laquelle reparait au-dessus des premières lignes des 7ᵉ et 10ᵉ *giornate*. En outre cent vignettes plus petites, sur des sujets tirés des diverses nouvelles, sont intercalées dans le texte. Enfin, au commencement du préambule, c'est-à-dire au commencement de la *Vita de giouan Bocchacio de certaldo*, une vignette, qui d'ailleurs se retrouve sur le recto de l'avant-dernier feuillet du volume, représente Boccace écrivant. » (Description du vicomte H. Delaborde, dans la *Gravure en Italie avant Marc-Antoine*.) Le frontispice offre un berceau de verdure où sont assis en demi-cercle les personnages des Nouvelles. Tout autour, une belle bordure à fronton dont le centre est occupé par un enfant assis jouant du violon ; de chaque côté, un livre ouvert ; dans les coins, un petit génie tenant des guirlandes. A droite et à gauche de la bordure, une colonne d'ordre corinthien, posée sur un aigle accroupi dont la tête supporte un enfant debout, entourant d'un bras la partie inférieure cannelée de la colonne et de l'autre soufflant dans la trompette de la Renommée. Au bas, une frise au milieu de laquelle un médaillon à écu accoté d'un enfant tenant une palme et conduisant une chèvre montée. A la fin, *Finisce lo elegantissimo Decamerone..... Impresso i Venetia per Giouãni e Gregorio de gregorii fratelli. Imperãte Augustino Barbarigo felicissimo principe : nellano della humana recuperatione MCCCCLXXXXII ad di XX de Giugno.* Au verso, une grande marque figurant une croix de chaque côté de laquelle est placée une majuscule, à gauche un Z, à droite un G. Marque de 144, sur 43 m.m.

BOCCACE. — *Decamerone o ver cento novelle*, in-folio. Registre A à A8, puis de B à B6 jusqu'à y6 et z4. A la fin, z4. *Finisse lo elegantissimo Decamerone..... Impresso i Venetia per Maestro Manfrino da Monteferrato*

ÉPISODE DE LA VIE DE L'ABBÉ JOSEPH.
Vies des saints Pères. Giovanni Ragazi, Venise, 1491.

da Sustreno de Bonelli. Imperante Augustino Barbarigo felicissimo Principe : nellano della humana recuperasione. M.CCCC.LXXXXVIII A di. 5. de Decembro. A1, même frontispice que dans l'édition de 1492. La gra-

ÉPISODE DE LA VIE DE SAINT ANTOINE.
Vies des saints Pères. Giovanni Ragazi, Venise, 1491.

vure placée A5, avant la première *journée* et qui est répétée en tête des autres *journées*, est la même que celle qui est au commencement des 4e, 7e et 10e *giornate* dans l'édition de 1492. Cent trois vignettes. Beaucoup, dont la huitième, sont signées *b*. Cette édition n'a pas la table, suivie de la vie de l'auteur, qui se trouve après le titre de l'édition de 1492. La figure qui représente Boccace écrivant est répétée deux fois aux feuillets *z*II et *z*III, précédant la *Vita de Giouan Bocchacio da certaldo*, placée à la fin du volume. (Bibl. Nat. Rés. Y².)

BOCCACE. — *Decamerone over cento nouelle de Misser Johanni Boccaccio* en lettres gothiques, au feuillet *aa*I; in-folio. Table, au verso *aa*I jusqu'à *aa*IIII; au verso *aa*IIII et *aa*V, *Vita de Giouan*, etc., après le bois *Boccace écrivant* des éditions précédentes. Au verso de *aa*V, bois du titre de l'édition de 1492, sans l'encadrement; en tête de chaque journée, le bois en deux parties de l'édition de 1492. Registre de *aa* à *a*6 jusqu'à *xx*6. 98 figures; quelques répétitions ou changements. Le dernier feuillet *xx*VI est blanc. *Finisse lo elegantissimo decamerone : cioe le cento nouelle detto : de lo excellentissimo poeta Giouanni Bocchacio da certaldo. Impresso in Venetia per Bertolamio de Zani de Portese. M.CCCCC.IIII. adi cinque de Luio;* au-dessous, *Finis*, et une petite marque à fond noir dans laquelle est inscrite une circonférence ayant au centre les lettres BZ. (Bibl. Nat. Rés. Y² 1007.) Brunet, T. I, col. 997, cite une édition, avec figures en bois, publiée également par *Bartholomeo de Zanni da Portese*, en 1510.

Augustino de Zani da Portese donna le XII novembre 1518 une édition in-folio de Boccace dont les bois sont de très mauvaises copies, généralement en sens inverse, de ceux de 1492; nous y rencontrons quatre signatures différentes : le petit *b* sur le bois *Boccace écrivant;* l'*i* sur le bois de la *novella II*, marque que l'on rencontre dans la Vie des saints; l'*F* sur celui de la *novella VI* et enfin une petite F sur celui de la *novella XVII*. Ces deux F reparaîtront dans le *Tite-Live*. (Bibl. Nat. Rés. Y² 980.)

*
**

Nouellino de Masuccio salernitano, in-folio. Registre de *a* à *a*6 jusqu'à L4. Table de *a*I et *a*II. Au verso *a*II, en tête du prologue, grand bois, 121 sur 102 m.m., (Voy. Lipmann, page 55. *Der Italienische Holzschnitt...* 1885). Au verso *a*III, petit bois de la même grandeur que ceux du Boccace et, sans aucun doute, de la même main. 53 fig., une en tête de chaque narration, plusieurs signées *b*. A remarquer surtout le personnage debout à gauche de la gravure placée au verso *a*II; il offre une grande ressemblance, tant par son costume que par la manière dont il est dessiné et gravé, avec celui qui joue de la mandoline dans la partie gauche de la gravure précédant la

4ᵉ *giornata* du Boccace de 1492. La ressemblance de ces deux gravures est extrême ; la façon dont sont traités les vêtements, les mains,

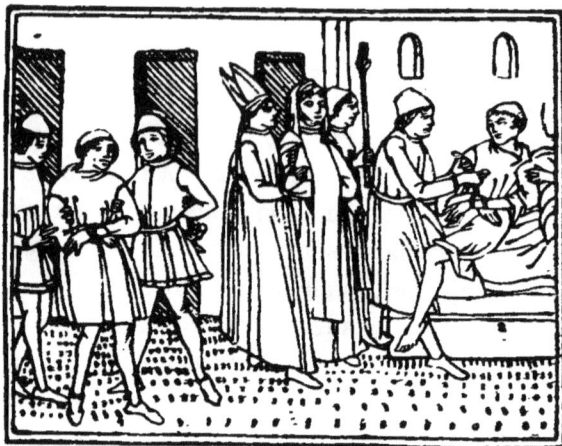

DEUX MOINES GARROTTÉS EN PRÉSENCE D'UN ÉVÊQUE ET D'UNE RELIGIEUSE.
(*Décaméron*, Gregorius, Venise, 1492.)

les têtes, les cheveux, etc., tout semble indiquer la même origine.

BOUTIQUE DE CORDONNIER.
(*Décaméron*, Gregorius de Gregoriis, Venise, 1492.)

(Voy. Les *Illustrations des écrits de Jérôme Savonarole*, par M. Gustave Gruyer, pages 104 et 105.) A la fin : *Finisce Nouellino de Masuccio*.

Salernitano. Impresso in Venetia per Bertholomio de Zannis da Portese del. M.CCCCC.III. adi. XXIX. de Feuraio. (Bibl. Nat. Rés. Y² 1007.)

TITE-LIVE. — *Deche di Tito Liuio vulgare historiate ;* in-folio. 17 feuillets pour le titre et la table. Première *Décade :* registre de *a*I à *a*8

L'AUTEUR OFFRANT SON LIVRE A LA DUCHESSE HIPPOLYTE DES CALABRES.
(Frontispice du *Novellino* de Masuccio Salernitano; Gregorius de Gregoriis, Venise, 1492)

jusqu'à P10. Sur le feuillet *a*I, grand bois représentant une bataille de Romains armés à la mode du xv⁰ siècle, avec le même entourage que celui de la Bible de Mallermi de 1490, sauf le tympan dont le second diamètre renferme un personnage à mi-corps — l'auteur — regardant vers sa gauche un livre ouvert sur un pupitre ; à sa droite deux autres pupitres avec des livres ouverts. Nombreuses lettres ornées sur fonds noirs; cette première *Décade* contient 134 vignettes. Troisième *Décade :* registre *aa*I à *aa*8 jusqu'à PP10 ; au feuillet *aa*I, grand bois encadré comme celui de la première décade et représentant le *Serment d'Annibal* : la scène se passe dans un temple voûté ; à l'entrée, deux chevaux tenus par un jeune garçon ; 149 vignettes. Quatrième *Décade* : de A1 à A8 jusqu'à P8. A1, un grand bois représentant à droite une ambassade d'Orient (probablement du roi Ptolémée VI d'Égypte dont il est question aux chapitres XII et XIII), au sénat romain ; à gauche, un roi oriental (Ptolémée) sur son trône et devant lui un personnage descendu de cheval lui parlant ; deux autres, derrière ; même encadrement que les précédents ; magnifiques lettres ornées ; 137 vignettes ; au feuillet A7 : *Finite le Deche de Tito*

PRÊTRES ET VESTALES EMPORTANT DE ROME LES OBJETS SACRÉS.
(*Décades de Tite-Live. Vercellese. Venise. 1492.*)

Liuio padouano historiographo uulgare historiate cō uno certo tractato de bello punico stāpate nella inclita citta di Venetia per Zouane Vercellese ad instancia del nobile Ser Luca antonio Zonta Fiorentino. Nel Anno. M.CCCC.LXXXXII. adi. XI. del mese di Febraio. Beaucoup de vignettes sont marquées du petit *b*, et du *.b.* ; d'autres d'un petit F ou d'un grand F. Tous les bois signés *b* ou *.b.* sont tirés de la *Bible de Mallermi*, ainsi que les vignettes de la dimension de ces bois ; seules sont inédites les vignettes marquées d'un F ou celles de la même dimension ; ces nouvelles gravures sont d'une taille plus rudimentaire qui trahit un xylographe médiocre ; beaucoup sont répétées. Pour pouvoir utiliser, entre autres bois de la *Bible de Mallermi*, une vignette marquée *Esdras*, l'imprimeur du *Tite-Live* se contente d'effacer ce trop significatif *Esdras* (3e Déc. aaIII). Le frontispice de la 1re Décade, au simple trait, d'un travail grossier, est inférieur aux frontispices de la 3e et de la 4e Décades. Ces derniers rappellent, sans l'égaler, le frontispice du Paradis de Dante dans l'édition de Matheo et Benali. (Bibl. Nat. Rés. J-630-J.).

T. livii Decades, in-folio; 20 feuillets préliminaires et 253 feuillets pour les *Décades*. En tête de chaque *Décade*, même bois et même encadrement que dans l'édition de 1492; la première *Décade* contient 55 vignettes, la seconde 62, la troisième 54, toutes tirées de l'édition de 1492. Au dernier feuillet, au-dessous de FINIS : *T. Liuii patavini*

VICTOIRE DE VOLUMNIUS SUR LES SAMNITES.
(*Décades* de Tite-Live, Vercellese, Venise, 1492.)

Decades expliciunt. Venetiis per Philippum Pincium Mantuanum : Summa cura et diligenti studio impressæ. Anno ab incarnatione domini. M.CCCCXCV.III. nonas nouembris. Imperante serenissimo Augustino Barbadico Venetiarum duce fœlicissimo. Après le mot FINIS du registre, la marque rouge de Giunta. (Bibl. Nat. Rés. J-226, J-608, D.)

Deche di Tito Liuio vulgare hystoriate; in-folio. Quatre feuillets pour le titre et la table; au premier, le titre en rouge, au-dessus de la marque de Giunta également en rouge. Au-dessus du titre, même bois qu'au feuillet *a*1, mais avec l'encadrement vénitien que l'on a vu dans la *Bible de Mallermi* de 1502. L'édition est semblable à celle de 1492; elle contient les mêmes bois, mais naturellement plus usés. Q7 : *Finite le Deche..... Stãpate i Venetia p Bãrtholameo de Zãni de Portesio. M.CCCCC.XI. adi. XVI del mese de Aprile.*

QVESTA SIE VNA VTILISSIMA OPERETA ACADVNO
FIDEL CHRISTIA   NO CHIAMATA FIOR
DE VIRTV

LAVS DEO.   SEMPER
DIO   PADRE

FRONTISPICE DE *Questa sie una utilissima opereta*, etc.

(Matheo da Parma, Venise, 1493.)

*.
..

Questa sie una utilissima opereta acaduno fidel christiano chiamata fior de virtu — Laus Deo semper — Dio Padre; in-4°. Au-dessous du titre, un grand et très beau bois dans le style de ceux qui précèdent l'Enfer, le Purgatoire et le Paradis du *Dante* de 1491, publié par Matheo da Parma et Benali, auxquels a été emprunté le *Père éternel,* motif central de la partie supérieure de l'encadrement du frontispice. Registre de *a* à *a*8, jusqu'à D6 ; 36 petites vignettes, non signées, inférieures à celles qui ornent les autres publications de Codecha, la plupart représentant des animaux et des oiseaux ; la dernière vignette, saint Jérôme avec son lion, est placée au-dessous de Finis, au verso D6. Au recto D6 : *Impresso in Venetia per Matheo di co de cha da Parma. Nel. M.CCCC. LXXXXII. Adi. XIIII. de Luio.* (Bibl. Nat. Rés. D-5003.) Reproduit dans les *Illustrations des Écrits de Jérôme Savonarole,* par M. G. Gruyer, page 101.

*.
..

Dialogo de la Seraphica uirgine sancta Catherina da siena de la diuina prouidentia ; in-4°. Le titre, au feuillet AAI ; au verso, un grand bois tenant toute la page et représentant sainte Catherine de Sienne sur un trône, les bras tendus vers la terre, un livre ouvert dans chaque main. Au-dessus d'elle, dans les cieux, le Père éternel, entouré de chérubins ; très semblable à celui qui figure dans le tympan du frontispice des *Vite di santi Padri.* Il tient des deux mains une couronne au-dessus de la tête de la sainte ; à sa gauche, un moine tenant une couronne et une palme ; à sa droite, une religieuse avec une couronne et une branche de lys. Autour du trône une balustrade sur laquelle sont posés des livres ouverts ou fermés. A côté de sainte Catherine, deux jeunes femmes, Isabelle d'Aragon et Béatrice d'Este, tendant les bras pour recevoir un livre qu'elle leur présente. Fort belle gravure tout à fait du même style et de la même taille que celles du *Fior de Virtu,* du Dante, etc. Les plis des vêtements, les cheveux et tous les menus détails des premiers et des derniers plans, portent l'empreinte d'une même école et peut-être d'un même artiste. Dans tous les cas ces compositions sont traitées avec beaucoup d'habileté. De AAI à *a*I, *Dédicace à Isabelle d'Aragon, femme de Galeas Sforza, duc de Milan et à Béatrice d'Este, femme de Ludovic Sforza, duc de Barri.* Registre de *a*I à *y*4; *a*I, bois prenant la moitié de la page, dans le même style, mais d'une moins bonne taille que le précédent :

FRONTISPICE DU DIALOGO DE LA SERAPHICA VERGINE SANCTA CATHERINA DA SIENA.

(Matheo da Parma, Venise, 1493.)

Sainte Catherine dictant, à trois écrivains assis devant elle, son dialogue avec Dieu le Père, que l'on voit dans le haut de la gravure, entouré d'une auréole ; il a une très grande ressemblance avec celui qui bénit dans la gravure placée au-dessous du colophon des *Méditations* de 1492. Ce bois est bordé de deux côtés d'un ornement formé de rinceaux, de fleurs, d'animaux et d'un oiseau dans un médaillon, bordure qui reparaît sur une page de *Missale romanum* (Johannis Emerici de Spira), Venise, 1494 (Bibl. Nat. Rés. Inv. B, 2678), dont les initiales rappellent de très près le style de celles des *Postilles* de Nicolas de Lyra. Au verso du *x*7, sainte Catherine de Sienne priant devant un autel, bien inférieur au bois du verso AAI. (Reproduit dans : la *Gravure en Italie avant Marc-Antoine*, par le vicomte H. Delaborde, page 249.) Au verso *y*4 : *Impressa in uenetia per mathio di codeca da parma ad instantia de maestro lucantonio de zōta fiorentino de lanno del. M.CCCCLXXXXIIII adi. XVII de Mazo.* Au-dessous, la marque en noir de Giunta. (Bibl. Nat. Rés. H-968. H.).

.
. .

FORESTA (JACOBI PHILIPPI DE). *Supplementum chronicarum,* en lettres gothiques. In-fol. Au verso *a*I encadrement de la Vie des saints de 1493, avec les *Six jours de la création* de la *Bible de Mallermi.* Au feuillet *a*II, même encadrement. Lettres ornées fond noir. Au verso F8, en gothiques : *Ac si demū deo, etc... Impressum autem venetiis per magistrum Bernardinus Ricius de Novarra : anno a nativitate dñi M.CCCC.LXXXXII. die decimoquinto Februarii : regnante inclyto duce Augustino barbadico.* A la fin, le registre et la marque à fond noir avec les lettres BR au-dessous du diamètre du cercle blanc ; et au sommet la croix de Lorraine. Le Saint-Esprit, dont l'auréole occupe tout le tympan du fronton, ne se retrouve pas dans la Vie des saints de 1493. Cet ouvrage avait déjà été publié par Bernardinus de Benaliis en 1486 et par Ricius en 1490, avec de mauvais bois au trait reproduisant des vues de villes qu'on revoit dans l'édition de 1492. (Bibl. Maz. n° 4958.)

.
. .

Herodoti Historici incipit Laurentii Vallæ, conversio de Græco in Latinum, de Gregoriis, Venise 1494, dont le frontispice (un des chefs-d'œuvre de la gravure ornementale, merveille de richesse aisée et de goût pur), offre trois sujets qui semblent de la même main que les

vignettes des *Méditations* sans date, les initiales des *Postilles* et le
Thésée et le Minotaure. A remarquer surtout l'analogie des jambes
du jeune homme (Apollon?) couronnant Hérodote et de celles d'un des
bourreaux de la *Flagellation* et la ressemblance de la tête de l'his-
torien grec avec celle de Nicolas de Lyra [1].

.
. .

NICOLAUS FERETTUS. *De elegantia linguæ latinæ servenda in epistolis :
et orationibus componendis : præcepta sumpta ex auctoribus probatissimis :
etiam de compositione oium præpositionum latina et earum significatione*,
vol. in-4°, — *a*6, *b*6, *c*6, *d*6, *e*4. Sur le feuillet *a*1, au-dessous de
Nicolaus Ferettus, en lettres gothiques, une grande vignette prenant
la largeur de la page et la moitié de la hauteur. Elle représente un
magister dans sa chaire, un livre ouvert devant lui, et faisant un
cours à des élèves, assis à droite et à gauche devant une table sur
laquelle sont placés des livres ouverts ; au premier plan, en avant de
la chaire, deux enfants sur des tabourets en bois, l'un tient un livre
ouvert, l'autre une planchette sur laquelle sont des caractères qu'il
montre à un chien à longs poils ; entre eux et le maitre, à terre, un
martinet et un livre. A la hauteur de la tête du magister, en lettres
gothiques, *silen* à sa gauche, *tium* à sa droite ; au-dessus des élèves,
deux fenêtres ouvertes qui laissent voir des arbres. Cette vignette
très bien exécutée, de la même grandeur que le *Thésée* et de la
même main, accuse absolument la manière vénitienne. Au-dessous,
douze vers commençant par une lettre ornée à fond noir. Dans le
texte, lettres ornées à fond noir. Au feuillet *e*4, au-dessous du
titre, écrit en lettres gothiques, jusqu'à *componen*, et en lettres plus
petites jusqu'à la fin, la gravure *Thésée et le Minotaure* du *Plutarque* de 1491 qui n'a aucun rapport avec le texte de cette gram-
maire latine. Au dessous : *Hoc opus est impressum Foriliuii per me
Hieronymum Medesanum Parmensem* [2] : *nouiter q p ipsum Auctorem*

1. Ce frontispice est reproduit intégralement, d'après l'exemplaire de M. Eug.
Piot, dans *Venise* de M. Yriarte et dans : les *Arts du bois, des tissus et du papier*,
publication de l'*Union centrale des Arts décoratifs*. Dans le cartouche du bas, on
lit les lettres S. C. P. I. que l'on a voulu interpréter ainsi : Stephanus Cæsanus,
Peregrinus Inventor. Il est difficile de reconnaitre dans le frontispice de l'Hérodote la manière du célèbre nielliste Peregrini ; il se peut d'ailleurs que les quatre
lettres désignent tout autre chose qu'un nom d'artiste, et qu'elles se rapportent
au sujet énigmatique de la gravure (V. Introduction de la traduction du *Songe de
Poliphile* par M. Claudius Popelin.)

2. Premier imprimeur de Forli.

*correctum editum et emendatum Anno domini. M. CCCCLXXXXV. die
XXV. Mai Regnante Illustrissimo Principe nostro domino Octauiano
de Riario : ac Inclito domino Iacobo Pheo gubernatori dignissimo.* Le verso
du feuillet *aɪ* est occupé par la dédicace au duc Riario. (Bibliothèque
de M. G. Duplessis, et Bibl. Nat. Rés. X.)

.˙.

Plutarchi Vitæ aɪ (In-fol), au verso la table ; *aɪɪ Thésée et le Minotaure*
avec encadrement à fond noir (d'environ 2 cent.) d'arabesques de fleurs,
de fruits et, dans le bas, au milieu, un médaillon entouré de palmes, de
chaque côté duquel est un Amour, celui de gauche jouant de la flûte,
celui de droite du violon. Aux angles de la partie supérieure deux
bustes. Cette bordure est empruntée à un *Pétrarque* vénitien de Piero
Veronese de 1491 où elle encadre le triomphe de la Divinité et celui
du Temps (Bibl. Nat. Rés. V. 3892). Paginé à partir du feuillet *aɪɪ*,
qui porte le n° 1, jusqu'à 145 pour la première partie et de 1 à 144
pour la seconde. Au-dessous de la figure *Thésée et le Minotaure, Thesei
vita per Lapum Florentinum ex Plutarcho Græco in Latinum versa.* La
seconde partie commence au haut de la page Aɪ par *Cymonis viri illustris
vita ex Plutarcho*, etc. Lettres ornées à fond noir. Page 144, feuil. S8 :
Virorum Illustrium Vitæ ex Plutarcho Græco in latinū uersæ, etc. :
Venetiis impssæ p Bartolomeū de Zanis de Portesio Anno nr̄i salvatoris.
1496. *die. octo Mêsis Iunii.* (Bibl. Mazarine, 6752 B⁵.)

.˙.

Œuvres de saint Jérôme, deux gros in-folio. Premier volume,
Opera diui Hieronymi in hoc volu. Cōtenta, en tête de la première page,
suivi de la table des œuvres. Verso *Epistola*, épître dédicatoire de
Gregorius de Gregoriis à Hercule d'Este, duc de Ferrare ; puis une Vie
de saint Jérôme et une *Descriptio librorum veteris et novi testamenti.*
Viennent ensuite *Expositiones Divi Hieronimi in Hebraicas questiones super
Genesim necnon super duodecim Prophetas minores et quatuor maiores noviter
Impresse cum Privilegio*, titre imprimé triangulairement au milieu de
la page en superbes lettres gothiques. Registre généralement de huit
feuilles. Au verso du dixième feuillet, une majuscule E, un moine
assis dans sa cellule écrivant devant un pupitre (30 m.m. sur 30) ;
majuscule tirée de la Vie des saints de 1493 ; au verso *y*III, à droite
de la majuscule, dans l'angle laissé en blanc, ces lettres : *Dū Nicolo
Manerbi* ; feuillet *y*VI, *Finiunt explanationes Beati Hieronymi... Impresse
Venetiis per Johannez Gregoriū de Gregoriis fratres Anno domini 1497.*

Magnifiques majuscules et minuscules ornées, à fond noir, et au trait à fond blanc (verso CII une N majuscule dans des rinceaux de feuillages où se jouent des oiseaux; au trait, d'une finesse qui ferait croire qu'elle a été gravée sur métal). Verso *h*III, grande majuscule P où se voit encore un moine assis dans une stalle et écrivant à son pupitre, composée comme la petite majuscule E. Sur le panneau de la stalle ces lettres : DE VOE ACT NE (sans doute *Devote actione*), sur le pied du pupitre : FRA IACOMO ; à gauche du jambage du P, sur une table, la mitre épiscopale et un livre.

GLORIFICATION DE LA VIERGE.

(*Méditations*, Matheo da Parma, Venise, 1494.)

Cette lettre est plusieurs fois répétée, tantôt avec les deux inscriptions, tantôt avec une seule, quelquefois sans aucune des deux. Les deux majuscules sont tout à fait semblables de composition et de style aux lettres ornées des *Postilles*, quoique taillées par une autre main.

Le second volume commence avec le *Prologus super Matheum*, avec le P orné. Au feuillet *a*AA2, le magnifique encadrement de l'*Hérodote*, publié par le même imprimeur en 1494, avec le P orné au lieu et place de l'*Hérodote couronné par Apollon*. Au feuillet PPP VII : *Finiūt isignia hœc atq p̄ clarissima Diui. Hieronymi opa : ea quippe diligentia emendata. Venetiis p præfatos fratres Ioann˜ et Gregoriū de Gregoriis Anno dñi. 1498. die. 25. Augusti.* Feuillet P VIII, marque sur fond noir des frères Gregorius : rectangle en hauteur de 100 m.m. sur 45 ; feuillet QQq6, marque sur fond blanc des mêmes frères Gregorius, grand rectangle en hauteur de 140 m.m. sur 70 m.m. (CLXVIII. Catalogue Albert Cohn 1885, p. 36, n° 218.)

*•
• •*

Comédies de Térence, Venise 1497, chez Lazaro de Soardis, dont les petits bois, inspirés de l'édition de Lyon de 1493[1], rappellent le Maître *b,* tandis que les deux grandes gravures au commencement du volume, *Térence en chaire faisant une conférence à Donat et autres grammairiens,* et une représentation théâtrale, sont tout à fait dans le grand style du *Poliphile.*

*•
• •*

Settanta novelle de Sebaldino degli Arienti, Venise 1503, chez Zani da Portese, dont M. Lippmann assigne les bois au maître *b,* bien qu'un peu inférieurs.

*•
• •*

SERMONI VOLGARI DEL DIUOTO DOTTORE SANTO BERNARDO : SOPRA LE SOLENNITADE DI TUTTO L'ANNO. In-fol. Au-dessous du titre, dont les deux premiers mots sont en grandes capitales noires, tandis que le reste est en plus petites gothiques rouges, un grand bois divisé en deux parties presque égales et offrant ainsi deux compositions superposées. La première représente saint Bernard assis, montrant son livre ouvert ; de chaque côté, deux disciples en costume de moine. A la hauteur de la tête du saint, sur le montant de la stalle, S à gauche et BE à droite. Dans la composition inférieure, un saint évêque en costume épiscopal (IOANNE DA TOSIGNANO VESCOVO DI FERRARA DEL ORDINE DE FRATI JESVATI DE .s. IERONIMO) et à ses pieds, de chaque côté, un religieux agenouillé, celui de gauche lui offrant un livre. Cette gravure est tout à fait dans le style de l'atelier signant Z. A. (Zoan Andrea). 203 feuillets, plus une page de dédicace à Isabelle d'Aragon, reine de Naples, et cinq pages de table (en tout trois feuillets) ; à la fin, au-dessous de FINIS, le registre et : *Stampati in Venetia del MDXXVIII.* Onze vignettes, dont une répétée, de format inégal, qui sont de la même main que la gravure placée à la dernière page des Méditations de 1494, gravure reproduite ici à la page précédente. Les vignettes sont antérieures au volume ; l'une d'elles, celle qui a paru en 1494, est âgée d'au moins 34 ans ; il semble que toutes datent de la fin du XVe siècle et ont dû paraître dans quelques ouvrages de cette époque.

---

1. Ces bois lyonnais ont souvent été imités dans les éditions postérieures de Térence, entre autres dans celle de Regnault, à Paris.

On ne saurait classer dans la même catégorie le *Saint Jérôme*, de Ferrare, de 1497. Aucune des vignettes n'a de marque, et si elles ont une grande analogie avec les bois signés *b*, elles n'en ont pas toute la perfection. Les grands encadrements, du même style que ceux du *Boccace*, du *Dante* et de la *Bible*, sont d'une composition

POLIPHILE ET POLIA CHASSÉS PAR LES NYMPHES DE DIANE.
(Songe de Poliphile. Alde Manuce, Venise, 1499.)

aussi riche, mais moins finement taillés dans les détails. Ainsi, le *Père éternel* qui se voit dans le *Dante*, dans le *Fior de Virtu* et dans la *Sainte Catherine*, etc., est d'une exécution plus délicate que celui qui orne la partie supérieure de l'encadrement du *Saint Jérôme* reproduit dans le *De claris mulieribus* de J. Philippus Forestus Bergomensis (Bibl. Nat. Rés. G, 349), également imprimé à Ferrare en 1497 et dont les plus petites vignettes sont d'une autre famille que celles du maître *b*. Les vêtements des personnages sont drapés plus sommairement, les cheveux et les barbes indiqués par des traits raides et droits. Malgré ces légères différences, il est certain que les auteurs des vignettes du *Saint Jérôme*, imprimé par maestro Lorenzo de Rossi da Valenza (Bibl. Nat. Rés. C, 461), ont connu les beaux livres vénitiens, qui du reste étaient antérieurs de six ans et avaient eu un succès attesté par un grand nombre d'éditions successives. Peut-être même ces artistes de Venise avaient-ils formé des élèves qui importèrent cette manière d'illustrer à la cour d'Este, si curieuse des belles choses.

On voit que Ragazo di Monteferrato a eu l'honneur d'inaugurer la série de ces beaux livres à figures avec sa *Bible de Mallermi*, ses *Vite di santi padri* et son *Plutarque*, la *Bible de Mallermi* étant le type [1] de ces luxueuses publications avec riches frontispices et bordures; à côté d'elle et comme lui faisant cortège, se placent le *Dante* de 1491, et le *Boccace* de 1492; le *Saint Jérôme*, de Ferrare, n'est évidemment qu'une fort belle imitation de ces livres vénitiens.

Ces vignettes accusent un air de parenté tel qu'il est impossible de ne pas les ranger dans une seule et même catégorie, tout en constatant que celles qui sont signées *b* sont d'une exécution plus fine, plus délicate et plus poussée que les autres. Chose étrange! les frontispices et les bois de grande dimension restent sans signature.

Bien des conjectures ont été hasardées sur le maître *b*, qui, signant ou ne signant pas, a été un des grands illustrateurs des livres vénitiens de cette époque, le fournisseur attitré des imprimeurs et des éditeurs de Venise, des Luc-Antonio Giunta, des frères Gregorius, de Ragazo, de Veronese et de Matheo de Capcasa. Nagler croit que cet énigmatique *b* désigne le peintre Bernardus [2], associé de l'imprimeur allemand Erhart Ratdolt, établi à Venise jusqu'en 1486, supposition inadmissible, puisque les gravures signées *b* ne foisonnent que de 1489 à 1498. Zani pense que cette marque est celle de Giovanni Buonconsiglio dit il Marescalco, assertion judicieusement réfutée par Passavant, qui d'ailleurs ne lui oppose aucune solution. Lais-

1. Ce n'est point seulement en Italie que la *Bible de Mallermi* a été mise à contribution; on la copia aussi en France. Dans un beau *Valerius Flaccus*, imprimé à Paris en 1519, *In chalcographia Iodoci Badii Ascensii*, la bordure du frontispice, sauf le couronnement, est prise dans la bible vénitienne; on la trouve déjà dans le *Josèphe* publié à Paris en 1510, à l'enseigne du *Lys d'or*.

2. D'ailleurs le caractère tout vénitien de ces bois exclut la paternité de Bernardus, Augsbourgeois comme le prouvent tant de livres sortis de ses presses avec la mention : *Bernardus pictor de Augusta*.

sons de côté bon nombre d'autres conjectures aussi aventureuses pour arriver à l'hypothèse proposée par M. Lippmann. Le savant directeur du Cabinet des estampes de Berlin remarque d'abord, avec sa sûreté ordinaire de coup d'œil, que l'exécution xylographique de ces vignettes si nombreuses est très inégale, même pour les blocs d'un seul livre. A côté de bois fins et délicats, on se heurte à des gravures presque médiocres; il attribue, et nous ferons comme lui, ces différences à

POLIPHILE DORMANT A LA LISIÈRE D'UN BOIS.
(*Songe de Poliphile*. Alde Manuce, Venise, 1499.)

l'échoppe plus ou moins habile du tailleur des bois. M. Lippmann croit encore que l'auteur au *b* du *Songe de Poliphile* et de l'*Ovide* de 1497 est le même que le maître *b* qui nous occupe et serait aussi l'illustrateur du *Fasciculus medicinæ* de 1493[1], en un mot l'auteur unique de cette série de gravures qui s'étend de 1489 à 1499, et il arrive, par une suite

1. Nous laissons de côté le Fasciculus dont les gravures nous semblent appartenir à une tout autre catégorie de livres illustrés dont ferait partie, entre autres, le bois de la *Doctrina della vita monastica* représentant *Beato Lorenzo Justiniano*.

d'inductions ingénieuses, à suggérer le nom de Jacopo de Barbarj, assez connu aujourd'hui comme graveur sur métal et comme peintre pour que son style si particulier ne puisse être confondu avec celui du maitre *b*. Il resterait d'ailleurs à se demander pourquoi Barbary n'aurait pas signé ces bois de son caducée ordinaire.

*
* *

ssayons à notre tour de jeter quelque lumière dans cette question. Constatons d'abord que la lettre *b* n'est point la seule que l'on rencontre sur ces bois vénitiens; elle est sans doute la plus fréquente et cela parce que les bois de la *Bible de Mallermi* marqués *b* ont été répétés à satiété dans les *Vite di santi Padri*, dans les *Deche di Tito Livio*, dans les *Meditationi*, dans le *Macrobe* et ailleurs; répétition qui, en augmentant le nombre apparent des bois *b*, a concentré sur cette lettre l'attention des chercheurs. Mais on rencontre presque aussi fréquemment et dans les mêmes livres les marques *i*, J, F, F, *ia*, N, etc. Notons surtout, ce qu'on a négligé de faire jusqu'ici et ce qui est fort important pour le débat actuel, qu'il y a deux marques *b* bien distinctes : l'une étant un minuscule *b* gothique, de taille fine, discrètement placé dans un angle des vignettes, l'autre *b* un peu plus grand, plus rudement taillé, à la boucle anguleuse, se présentant, flanqué de deux points, très visible, au milieu de la composition.

Si les bois marqués de ces lettres accusaient une différence de composition et de dessin correspondant à la diversité des lettres, il serait légitime de chercher sous chacune de ces majuscules ou de ces minuscules un dessinateur distinct. Mais il n'en est pas ainsi.

Quand on regarde attentivement un certain nombre de vignettes de la *Bible de Mallermi*, des *Vite di santi Padri* ou des *Deche di Tito Livio*, on reconnaît aisément, quelle que soit la lettre signante, la main du même dessinateur : composition, attitude, mouvements et gestes sont identiques; les différences ne proviennent que des inégalités de la taille, inégalités frappantes dans le trait, dans les détails des paysages, dans les accessoires, mais ne détruisant pas la similitude fondamentale des dessous. Ainsi tel bois signé *b* ou *.b.* semble d'un art plus développé que tel autre signé F; mais cette supériorité lui est communiquée seulement par le soin plus minutieux et la plus grande

APOLLON ET MARSYAS.

(Métamorphoses d'Ovide. Giovanni Rosso, Venise, 1497.)

habileté du tailleur en bois. Certaines vignettes signées de lettres différentes ont une telle ressemblance qu'il faut les attribuer à la main d'un seul et même maître; par exemple un *Épisode de la vie de l'abbé Joseph*, tiré des *Vite di santi Padri* (Giovanni Ragazo, Venise 1491), est signé J, tandis qu'un autre bois du même livre, un *Épisode de la vie de saint Antoine* porte la marque *i;* or, et le lecteur s'en convaincra facilement, les deux bois sont de la même composition et du même style [1]. D'autre part plusieurs vignettes de la *Bible de Mallermi* sont signées *.b.;* ce *.b.* reparaît agrandi, vu le format même de la gravure, à l'angle d'un des bois du *Songe de Poliphile* que nous donnons ici. Est-il possible de reconnaître le même dessinateur dans les bois de la *Bible* et dans la gravure du *Songe?* Évidemment non. Un tout autre esprit anime les illustrations des deux livres : par la composition grandiose et luxueuse, par la majesté des personnages, par le bel arrangement des costumes et des draperies, par la beauté des motifs d'architecture et d'ornements, par le style même du dessin, les gravures de l'*Hypnérotomachie* [2] n'ont rien de commun avec les vignettes populaires de la *Bible de Mallermi*.

Donc, d'un côté, des bois signés de lettres différentes sont du même dessinateur; d'un autre côté, des bois signés du même *.b.* trahissent une composition et un dessin étrangement différents. Que conclure, sinon que ces lettres énigmatiques cachent non pas les noms des dessinateurs, mais bien ceux des xylographes? Et ce qui confirme cette

1. Autre exemple : comparez la vignette du chapitre viii du premier livre de la 3e décade du *Tite-Live* avec la vignette du chapitre xxix du même livre : la première semble grossière, la seconde est nette et d'un déchiffrement facile. Et pourtant les attitudes des combattants des deux vignettes, surtout le mouvement des jambes, sont évidemment de la même main. La différence d'aspect général provient de la différence des tailles.

2. On a voulu attribuer les gravures de l'*Ovide* de 1497 (dont beaucoup signées *ia* et quelques-unes d'une sorte de N) à l'auteur des illustrations du *Poliphile;* les meilleurs morceaux de cet *Ovide* se rapprochent à peine des plus faibles de l'*Hypnérotomachie;* à supposer que le dessinateur des deux livres soit le même, le xylographe de l'*Ovide*, tant de fois réédité, a étrangement altéré son original. Les *Triomphes de Pétrarque*, supérieurs à l'*Ovide*, restent encore bien au-dessous du *Poliphile*. Seuls, les deux grands bois du *Térence* de 1499 accusent un art aussi élevé que les belles pages du *Songe*, interprété par un xylographe intelligent, et les égalent presque. Cela dit, tous ces grands bois de l'*Hypnérotomachie*, de l'*Ovide*, des *Triomphes de Pétrarque* et du *Térence*, malgré d'éclatantes inégalités, appartiennent à une seule et même famille. Nous donnons comme pièces de comparaison des bois du *Poliphile* et de l'*Ovide*, en y ajoutant une gravure du *Fasciculus medicinæ* qui sera reconnu appartenir à une tout autre famille.

CONSULTATION DE MÉDECINS SOUS UN PÉRISTYLE.

(*Fasciculus Medicinæ*, Gregorius, Venise 1493.)

conclusion, c'est que ni dans les tableaux, ni dans les dessins, ni dans les gravures au burin, on ne retrouve aucune signature analogue [1]. Ces marques *b,.b.,i,*F,F.*j,* sont donc exclusivement employées par les tailleurs en bois.

On peut, en ce qui concerne le xylographe signant .*b.*, s'étonner de la prodigieuse différence de taille entre les bois de la *Bible de Mallermi* et les gravures du *Poliphile*. En neuf ans (1490-1499), le xylographe a pu faire de notables progrès. La différence de dimension et de destination des deux ordres de gravures — les unes n'étant qu'un commentaire populaire, les autres ornant et parant superbement le texte — explique encore l'écart entre les deux séries. Peut-être le prix beaucoup plus élevé alloué aux illustrations du *Poliphile* doit-il entrer en ligne de compte; on sait combien à cette époque les différences de salaire influaient sur la qualité de l'œuvre produite. Peut-être aussi le xylographe, en présence des beaux modèles du *Songe*, fournis par un dessinateur habile à comprendre les exigences de la gravure sur bois, s'est-il élevé, en les suivant de près, sans trop d'efforts, à la hauteur des originaux. Enfin, il se peut que les lettres en question désignent non des individus mais des groupes de xylographes formant autant d'ateliers distincts.

En somme il s'est formé à Venise, dans les dernières années du XVe siècle, une pléiade d'artistes employés à l'ornement des nombreuses publications fournies alors par les presses vénitiennes. On a voulu dans quelques-uns de ces illustrateurs, dans celui du *Poliphile* surtout, découvrir, soit Giovanni Bellini, soit Mantegna, soit tout autre grand maître de la peinture. Selon nous, il n'y a point de rapprochements possibles entre les bois des livres à figures et les œuvres peintes de ces maîtres.

L'art modeste de nos illustrateurs est tout autre que le grand art des Mantegna et des Bellini; il n'y a de commun entre eux que les analogies nécessaires de temps et de milieu; mais dans aucune de nos vignettes, on ne saurait surprendre la moindre trace d'un des maîtres de la peinture vénitienne à cette époque. La conclusion qui s'impose est que les auteurs de ces vignettes sont des artistes *sui generis*, cantonnés exclusivement dans le domaine assez large de l'illustration.

---

1. Toutefois, dans la *Doctrina della Vita Monastica* de Beato Lorenzo Justiniano de 1494 (imprimée par les frères Gregorius), la figure de Lorenzo est empruntée à un tableau à la détrempe de Gentile Bellini (1465), aujourd'hui à l'Académie de Venise. Voy. Lippmann, *Der ital. Holzschnitt im XV Jahrh.*, page 63. Le tableau est gravé dans *Zeitschrift für bild. Kunst*, t. XIII, page 342.

Quant aux noms des tailleurs en bois, cachés sous les initiales qui ont tant exercé la trop ingénieuse sagacité des curieux, le mieux est peut-être de renoncer à les deviner. Combien de monuments autrement importants de la Renaissance sont demeurés entièrement anonymes ou marqués d'un signe aussi inexplicable! Tous ceux qui se sont quelque peu occupés de cette époque doivent se résigner à ces ignorances ; on travaillait alors beaucoup plus pour la renommée et le profit de l'atelier que pour la célébrité individuelle. De là tant d'œuvres sans nom d'auteur ou à peine signées ; de là, pour la curiosité insatiable de la critique actuelle, mille obstacles encombrant la recherche de la paternité, qu'il serait presque sage d'interdire en matière d'art, tant elle égare les meilleurs esprits.

En présence de telles difficultés, ce qu'on peut faire de plus pratique, c'est de resserrer le champ des investigations, de déterminer le terrain de la discussion, de créer des catégories distinctes dans cette foule anonyme. Autrement on court grand risque de se perdre en un dédale d'œuvres que des analogies secondaires font facilement attribuer à un même auteur, dont on veut à toute force trouver le nom. Tout au plus peut-on classer par familles les groupes d'œuvres analogues, reconnaître les provenances d'un même atelier, former des cadres qui se remplissent peu à peu, établir un ordre qui n'a jamais rien de définitif, enfin répandre un peu plus de lumière sans aspirer à la clarté complète.

Telle a été notre modeste ambition à propos de l'illustrateur des *Devote meditatione*. Le livre du reste méritait un examen spécial; il est un des premiers volumes à vignettes de l'art vénitien, et ce type de vignettes au trait a été copié ou imité partout : en Italie, en Allemagne, en France. Il a conquis, comme le prouve la longue nomenclature de ces éditions, un très vif succès. Il est un curieux et typique échantillon de toute une catégorie de livres à figures éclos dans les dernières années du xv⁰ siècle.

Nous donnons à titre de curiosité bibliographique la nomenclature des diverses éditions des *Devote meditatione*, que nous connaissons *de visu*. Nous compléterons cette nomenclature par le relevé des éditions signalées dans les différents auteurs.

I. Sans date, vers 1480. Très petit in-4⁰, lettres gothiques, sans nom d'imprimeur, assurément sorti d'une presse vénitienne; sans gravures (Bibl. Nat. Rés. Inv. D. 6611).

II. 1489. *Incominciano le deuote meditatione sopra la passione del nostro signore cauate et fundate originalmente sopra sancto Bonauantura cardinale del ordine minore sopra Nicolao de Lira : etiam dio sopra altri doctori et predicatori approbati.* Petit in-4°. Lettres latines ; 39 lignes par page avec le registre *a, b, c, d, e* (*a*8, *b*8, *c*6, *d*6, *e*6) ; au-dessus du colophon, *Finis* et dix vers. Le colophon : *Finisse le meditatione del nostro signore iesu christo con li misterii posti in figura impresse in Venetia per Matheo di co de cha da Parma del. MCCCCLXXXIX. a di XXVII. de Februario.* Au-dessus la marque de Matheo. Les vignettes, hautes de 77 mill., larges de 80 mill., sont les suivantes : *Résurrection de Lazare* (*a*1) ; *Entrée à Jérusalem* (*a*2) ; *La Cène* (verso *a*5) ; *Jardin des Oliviers* (*b*1) ; *Baiser de Judas* (*b*3) ; *Le Christ devant Pilate* (*b*6 verso) ; *Flagellation* (verso *c*1) ; *Couronnement d'épines* (*c*2 verso) ; *Portement de croix* (*c*4) ; *Crucifiement* (*d*1 verso) ; *Résurrection* (*e*6). (Bibl. Nat. Rés. D. 6612.)

III. 1490. Même titre que l'édition précédente. Quarante lignes par page ; même nombre de pages, même registre. Les vignettes, tirées de l'édition de 1489, avec l'adjonction de trois petits bois : le Christ crucifié entre les larrons ; la Vierge et saint Jean debout de chaque côté de la croix que Madeleine entoure de ses bras, en un geste de désespoir (*c*6 ; haut. 48 mill., larg. 48 mill.) ; la *Pieta* (*d*6 ; haut. 57 mill., larg. 64 mill.) ; *Mise au tombeau* (*e*2, haut. 57 mill. larg. 64 mill.). La fin conforme à l'édition précédente ; colophon le même, sauf la date : *MCCCCLXXXX a di XXVI de aprile.* Au bas la marque de 1489 (Bibl. de M. Mitchell à Londres).

IV. 1492. Édition conforme à celle de 1489 quant au format, au nombre des pages, à la justification et au titre, sauf l'addition de *Jesu christo* précédant le mot *cauate.* Registré *a*8, *b*6, *c*6, *d*8, *e*6. Même petit *Christ en croix* (verso *d*2) que celui de l'édition de 1490 ; même *Pieta* (*e*1) que celle de l'édition sans date offrant une cassure dans le double filet de la partie supérieure du cadre, et la *Mise au tombeau* (*e*3) de la même édition. Le colophon : *Finisse le deuote meditatione del nostro signore impresse in Venetia per Matheo da Parma. A honore delo omnipotente dio. E dela gloriosa Vergine Maria. Del. M.CCCCLXXXXII, A di, X de Marzo. Finis.* Au-dessous, une nouvelle gravure (haut. 57 mill., larg. 75 mill.) : les apôtres et les saintes femmes bénis par le Christ planant dans les cieux au milieu d'une gloire ; gravure qui semble de la même main qu'un certain nombre de vignettes de la *Bible de Mallermi* insérées dans les *Évangiles*. La taille en est médiocre, les têtes sont trop fortes et, si elles sont du même dessinateur que les autres, le xylographe a mal interprété son modèle. Nous le retrouvons dans les *Sermoni volgari* de saint Bernard, Venise, 1529.

SAN LORENZO.

Doctrina della vita monastica (Gregorius, Venise, 1494).

V. 1492. Même édition que la précédente; point de *Pieta* et la *Mise au tombeau* reproduite deux fois (Bibl. Nat. Rés. D. 6613).

VI. 1494. Édition conforme à celle de 1489 quant au format, au nombre des pages et à la justification. Même titre que l'édition de 1492, avec certaines abréviations. Registré : *a*8, *b*8, *c*8, *d*6, *e*4. Le colophon : *Finisse le deuote meditatione del nostro signore misser iesu christo impresse in Venetia per Matheo di codecha da parma ad honore*

8

de lo omnipotente Dio e della gloriosa uergine Maria Del M.CCCCLXXXXIIII.
A di. XI de otubrio. FINIS. Au bas, une nouvelle vignette : Dieu
le père au ciel, tenant la Vierge dans son giron ; à leur droite, le
Christ agenouillé ; tout autour, un concert céleste de chérubins et
de séraphins : commentaire de ces mots de la souscription : *Ad
honore de lo omnipotente Dio e della gloriosa Vergine.* Vers le centre du
bois, un signe semblable à un z entre deux points qui paraît être
une marque de xylographe, signe que nous n'avons pas rencontré
ailleurs. Marque de Matheo sans la petite maison ; la croix est
différente. (Bibl. Nat. Rés. D. 6614.)

VII. Sans date, mais vers l'an 1495. *Incominciono le diuote medita-*
tione sopra la passione del nostro Signore chauate e fondate originalmente
sopra sancto Bonauentura Chardinale del ordine de frati minori sopra
Nicolao de Lira : et etiam sopra altri doctori e predicatori approbati. Édition florentine ; titre précédé d'une petite vignette, le *Christ en croix* ;
in-4°, moins large que les éditions de Venise ; lettres latines ; 42 pages
à 38 lignes, registrées *a8, b8, c8, d8, e6, f4* ; initiales à fond noir.
Au-dessous du titre, la *Résurrection de Lazare* ; les autres bois (hauts
de 87 mill. sur 108 mill. de large) suivent l'ordre de ceux de l'édition
de 1489 ; cependant le *Christ devant Pilate* est remplacé par le *Couron-*
nement d'épines qui se retrouve après la *Flagellation.* La *Résurrection*
est également insérée deux fois (*f2* et *f4*), la seconde fois en guise de
cul-de-lampe ou plutôt au-dessus des dix vers et du colophon : *Finite*
sono le diuote Meditationi del nostro signōr Giesu xpo. (Bibl. Nat. Rés.
D. 6 710).

VIII. Édition florentine qui ne diffère de la précédente que par un
mot du titre ; au lieu de : *et etiam sopra* il y a : *etiamdio sopra.* (Rés.
Bibl. nat. D. 6609.)

Les bois sont tout à fait dans la manière florentine, avec bordures
variées sur fond noir, bien que l'auteur ait évidemment connu et
utilisé les compositions vénitiennes de 1489 et de 1491. Ces bois sont
de jolis spécimens du genre favori à Florence dans les dix dernières
années du xv° siècle. Eux-mêmes ont été empruntés assez fréquemment ;
ainsi la vignette du *Jardin des Oliviers* se trouve dans *Tractato o vero*
sermone delle oratione et dans l'*Explication de l'oraison dominicale*, de
Savonarole. (Voy. *les Illustrations des écrits de Jérôme Savonarole*, etc.,
par M. G. Gruyer, Paris, 1879, p. 19, où ce bois est reproduit.) Le
Portement de croix reparaît dans le *Traité de la paix*, de Savonarole,

et dans *Lectioni vulgari* (reproduit *ibid.*, p. 25). On retrouve la *Crucifixion* dans le *Traité de l'amour de Jésus-Christ*, dans l'*Explication de l'oraison dominicale* et dans l'*Arte di ben morire*, de Capranica, cardinal de Fermo, qui reproduit aussi la *Petite crucifixion*. Il semble que ces deux éditions florentines des *Méditations* aient été une sorte de fonds commun où les livres de piété puisaient les bois à leur convenance.

IX. 1497. Édition toute différente des précédentes; très petit in-12 de 64 pages contenant 29 lignes et registrées *a8, b8, c8, d8, e8, f8, g8, h8.*

En tête du volume, un frontispice avec ces mots en caractères gothiques : *Le meditatione de la passione de Christo fatte per sancto Bonaventuro cardinale.* Au-dessous, dans un encadrement rectangulaire à double filet, occupant la page, le portrait en pied de saint Bonaventure auréolé, en habit de cardinal, tenant son livre ouvert de la main gauche et montrant de la droite le Christ en croix attaché à l'arbre généalogique.

* * *

ÊME titre que celui de 1492, avec des coupures de lignes différentes et une abréviation du mot *originalmēte*. Les bois, hauts de 57 mill. et larges de 63 mill., se suivent dans l'ordre de ceux de l'édition de 1489 jusqu'à la *Flagellation* inclusivement; viennent ensuite le *Couronnement d'épines* et le *Portement de croix* en un seul cadre, insérés deux fois et servant de commentaire graphique aux deux méditations sur ces stations de la Passion; puis le *Crucifiement* copié sur les éditions antérieures, avec un moins grand nombre de personnages; puis encore la *Pieta*, empruntée à l'édition de 1490[1] (le coin de gauche, dans la partie inférieure, endommagé); enfin la *Résurrection*, au-dessus de deux lignes de texte qui précèdent le mot FINIS. A la dernière page les dix vers suivis de *Finis*, au-dessus du colophon : *Finisse le devote meditatione del Nostro Signore. Impresse in Venesia per Lazaro de Soardis, MCCCCXXXXVII, adi XVI de marzo; cum privilegio ut patet in gratia Laus omnipotenti deo. Amen.* (Bibliothèque de M. W. Mitchell, à Londres.) Impression plus soignée que les autres éditions.

---

1. L'exemplaire qui se trouve entre nos mains est incomplet, le feuillet *h1* manque. Il est possible que ce feuillet offre la *Mise au tombeau* qu'on rencontre généralement dans les autres éditions.

Les vignettes sont plus petites et moins belles que celles des éditions précédentes : têtes grosses faisant paraître les personnages trapus et courts; taille très nette, quoique rudimentaire. Elles semblent de la même main qu'un certain nombre de celles qui accompagnent les Évangiles de la *Bible de Mallermi* et que la gravure placée sous le colophon des *Méditations* de 1492. (Voy. n° IV.) Quant au frontispice, il parait de la même main que celui de la *Doctrina del Beato Laurēzo patriarcha della Vita monastica*. Ce dernier frontispice montre saint Jean-Baptiste et saint Pierre en pied, élevant des enroulements de branchages qui forment des médaillons contenant des inscriptions pieuses. De la même main encore, à la fin de cette *Doctrina*, saint Jean l'Évangéliste et saint François d'Assise dans une attitude analogue. (Bibliothèque de M. Louis Gonse.)

X. 1508. *Incominciano le deuote meditatione de sancto Bonauentura sopra la passione del nostro signore Jesu Christo*. Petit in-4° de 48 pages à 31 lignes et registrées *a8, b8, c8, d8, e8, f8*; caractères latins sensiblement plus grands que ceux des autres éditions. Les grands bois sont empruntés à l'édition de 1489, les trois petits à celle qui n'est pas datée; cependant la *Grande crucifixion* de 1489 manque. Dans la Méditation du *Crucifiement* se trouve une petite vignette représentant le Christ crucifié et une sainte femme debout de chaque côté de la croix. A la fin, le colophon : *Finisse le devotissime meditatione del nostro signor misser Iesu Christo ad honore e gloria sua. Stãpate in Venetia per Georgio di Rusconi Milanese, dèl mille cinque cento e octo adi quatro nel novembrio*. (Musée Britannique.)

XI. 1512. Même titre que celui de 1492, sauf le mot *molti* entre *sopra* et *altri*, formant un triangle dont le sommet regarde le bas de la page. Petit in-4°, 48 pages de 32 lignes, registrées *a8, b8, c8, d8, e8, f8*; caractères semblables à ceux de l'édition de 1508. Sous le titre, la *Grande crucifixion* de l'édition sans date, répétée à la page *a2*. *Entrée à Jérusalem* (*a3*), petite vignette inspirée du grand bois correspondant de l'édition sans date, en sens inverse. La *Cène* en deux compartiments (*a8*), médiocre; le *Christ au jardin des Oliviers*, petit format, imité de l'édition sans date et signé *b*; *Baiser de Judas* (*b8*) signé *b*; *Présentation à Pilate* (verso *c4*), signé *b*; les noms en toutes lettres *Pilato* et *Herodes* au-dessus des deux personnages, vignette empruntée à la *Bible de Mallermi*; *Flagellation* et *Ecce Homo* dans le même cadre (*c8*); le *Couronnement d'épines* (*d2*); *Portement de croix* (*d4*) imité de celui de l'édition sans date ; *Christ en croix entre les deux larrons* (d6) ; *Christ crucifié entre les deux larrons et une sainte femme de chaque côté de la croix* (d7), petite composition médiocre, qui diffère de la précédente ; *Descente de croix* (f1) ; *Résurrection* (f6) ; imitation du bois correspondant de l'édition sans date, dans la manière du maître b. A la fin : *Finisse le devotissime meditatione del nostro signor misser Iesu Christo ad honore e gloria sua, stampata in Venetia per Piero de quarēgi Bergomasco del mille cinq cēto e dodexe adi dodexe aprile.* (Librairie de M. Rosenthal, qui possède également l'édition précédente.)

Voici la liste des *Devote meditatione* que nous ne connaissons que par les descriptions des différents bibliographes.

Sans date, une édition florentine, *per maestro Miscomini*, petit in-4° avec fig. sur bois (citée par Brunet.)

1480. Mediolano, per Leonardo Pachel et Ulderico Scinzenceller de Alemania, nel MCCCCLXXX, a di VII de octobre, in-4° goth., 2 col., fig. sur bois ; un des premiers livres sortis des presses de ces imprimeurs et, dit Brunet, souvent réimprimé, notamment en 1486.

1483. Venetia, per Magistro Pietro Mauser francioso et M. Nicolo del Contengo de Ferrare MCCCCLXXXIII, a di X de martio. (Bibliothèque Marcienne, Venise).

1487. Venetia, per Jeronimo di Saneto et Cornelio suo compagno, in-4°, avec sept grands bois. (Voy. Brunet.)

1487. *Incominciano le devote meditatione sopra la passione del nostro signore... et... finisse le devote... impresse in la inclita cita de Venetia per Jeromimo di Sancti et Cornelio suo compagno* 1487, in-4° goth., volume de 40 pp., non cité par les bibliographes. Il est orné de 11 gravures en bois, beaucoup plus grandes que la justification du texte. Les gravures sont plus anciennes que l'impression de l'ouvrage, elles sont au simple trait, exécutées dans le genre des plus anciennes cartes à jouer italiennes et ressemblent beaucoup aux plus anciennes xylographies. (Catalogue Tross. 1858. Page 15, n° 144).

1492. Panzer enregistre (t. III, n° 1534) : *Meditatione sopra la Passione del Nostro Signore cavate de santo Bernardo, Nicolo de Lira,* etc. *In fine : In Venetia par Matheo da Parma ad instantia da maestro Lucantonio de Zonta* 1492, *adi XXI di febriario. Cum figg. lign. incis.* 4°, Panzer semble avoir écrit par erreur Bernardo au lieu de Bonaventura.

1517. Venise, 26 août 1517, per Augustino de Zani de Portese, cité par Paitoni (*Biblioteca degli autori Antichi Greci e latini volgarizzati*, t. I, p. 188), qui mentionne encore une édition sans lieu ni date, peut-être notre n° I [1].

⁂

ous voyons, par l'énumération de tant d'éditions, quelle a été la fortune de ces bois, copiés, empruntés, agrandis, diminués, disparaissant tout à coup, tout à coup reparaissant, utilisés sans merci, ballottés d'une officine à l'autre, surnageant toujours, ici soignés et finis, là négligés et lourds, goûtés du public jusque dans leur extrême vieillesse [2]; donnant, en somme, une idée assez exacte des procédés et de l'état avancé de l'imprimerie ainsi que du large débit des livres populaires de piété vers la fin du xvᵉ siècle.

1. Il est bien entendu qu'il s'agit ici non pas des *Méditations de la vie du Christ* de saint Bonaventure, mais des *Devote meditatione sopra la passione* de l'abréviateur vénitien. Même après 1517, on rencontrerait plus d'une édition de notre livre, mais notablement transformé et sous des titres différents.

2. Ainsi, dans un *Macrobe* de Venise de 1513, on est tout étonné de rencontrer une gravure toute différente des autres bois du livre. C'est une vignette (le joueur d'orgue et le joueur de luth) parue vingt-trois ans auparavant dans la *Bible de Mallermi*.

APPENDICE

On doit ajouter à la liste que nous avons déjà dressée les livres suivants ornés de vignettes du même style, que nous n'avons connus qu'au cours de l'impression de ce travail.

Sphœra mundi; petit in-4°. Au feuillet *a*, au milieu de la page, le titre; au verso de ce feuillet, une gravure occupant la page : *Astronomia* assise dans une stalle, tenant la sphère d'une main et de l'autre un instrument de précision. A gauche, *Urania musa cœlestis*, presque nue, portant sa main gauche à ses yeux pour mieux observer le ciel; ses longs cheveux flottants tombent jusqu'à ses pieds. A droite, *Ptolemœus, princeps astronomorum*, vêtu d'une longue robe et coiffé d'un bonnet pointu, tient de la main droite un livre ouvert où se voient des caractères et des sphères. Au premier plan, un parterre d'herbes, de plantes avec des animaux (lapins [1] et cerf) rappelant de très près ceux de *Fior de virtu.* Dans la partie supérieure, le soleil, la lune et les étoiles.

Quoique le livre soit tout à fait contemporain de la *Bible de Mallermi* publiée la même année et le même mois, le frontispice ne semble point de la même main que celui de la Bible. Il a plus de parenté avec celui du *Dialogo de la seraphica Virgine santa Catherina da Siena.*

[1]. On retrouve les mêmes lapins gravés par la même main dans la marque (que nous donnons ici) de Johannes de Cereto de Tridino, un rectangle en hauteur contenant un écu debout avec un chêne chargé de feuilles et de glands; de chaque côté de l'arbre, sur une banderole, les lettres P et C; plus bas, I. T. Les lapins se trouvent dans la verdure des angles inférieurs; dans les angles supérieurs, des oiseaux. Cette marque orne, entre autres livres, un *Juvénal* imprimé à Venise par Tridino en 1492. Nous donnons également une marque de la même école : une figure de saint à longue barbe (peut-être saint Marc), assise dans une haute stalle, tenant un modèle d'église sur un de ses genoux et un livre sur l'autre; à ses pieds un lion; marque qui doit être celle de Benali, puisqu'on la rencontre à la fin d'un *Eusèbe* de 1497, d'un commentaire de saint Augustin sur les psaumes, et d'autres ouvrages imprimés par Benali seul.

Belles lettres ornées dans le style que la bordure de l'*Hérodote* portera à son apogée. Quelques figures astronomiques très finement

FRONTISPICE DU *Sphæra mundi.*

(Ott. Scotto. Venise, 1490.)

gravées, de la même main que le frontispice. Registré de *a*8 à *f*8. Au verso du feuillet *f*7 : *Hoc quoq sideralis scientie singulare opusculum Impressum est Venetiis mandato et expensis nobilis uiri Octauiani scoti*

ciuis modoetiensis Anno salutis M.CCCC.LXXXX. Quarto nonas octobris.
Au feuillet *f*8 le registre, *Finis*, et au-dessous, la marque d'Octaviano
Scotto, un rectangle en hauteur à fond rouge, au bas duquel une
circonférence contient les trois lettres O S au-dessus du diamètre,
et M au-dessous.

FRONTISPICE DU « SPECHIO DELLA FEDE ».

(Zoanne di Lorenzo da Bergamo, 1495.)

Ce livre se compose de trois opuscules, dont les auteurs sont
Sacrobusto, Johannes de Monteregio et Georges Purbach. Ratdolt
avait déjà publié à Venise en 1482, 1485 ou 1488, les traités réunis
de ces deux derniers. Quant à Sacrobusto, l'édition princeps de son
ouvrage fut donnée en 1472 à Ferrare par Andreas Belfortis Gallus
ou Gallicus, le premier qui établit une imprimerie dans cette ville
dont il devint bourgeois.

9

*
* *

Spechio della Fede au feuillet *a*; au verso de ce feuillet, dédicace de Roberto de Lezze à Alphonse d'Aragon duc de Calabre; au-dessous la réponse du duc. Au feuillet *a*II, l'encadrement de la *Bible de Mallermi* avec une gravure qui ne remplit que les deux tiers de l'encadrement. Au centre, une chaire élevée, flanquée de deux fenêtres ouvertes à travers lesquelles se voit une ligne de montagnes;

MARQUE PRÉSUMÉE DE DERN. BENALI.
(*Eusèbe*, Benali, Venise, 1497.)

dans la chaire, l'auteur debout prêchant. A gauche et à la hauteur de sa tête, FRAR, à droite VBER, et de l'autre côté de la fenêtre, TO. Au bas de la chaire un évêque; en hémicycle les fidèles; à gauche, le duc de Calabre et ses seigneurs; à droite, la duchesse et sa suite. Plus bas, une foule de fidèles, assis ou debout et écoutant; dans le tympan du frontispice, Dieu le Père bénissant. Le dessinateur et le tailleur de ces bois sont sans doute les mêmes que ceux des frontispices des *Décades* de Tite-Live qui (sauf le tympan) présentent la même bordure. Les lettres sont du même style. Registré *a*6, *b*6, jusqu'à *z*6, puis *ɔ* (un *c* retourné) et *b*, R6 et enfin *aa*6. La table, du verso *aa*III au verso *aa*V; après la table, FINIS; au-dessous, le privilège où il est dit que le manuscrit fut écrit en 1490 par Fra Roberto Carazola, évêque d'Aquin, vicaire général du royaume de Naples, et *mis en lumière* (imprimé) par Zoanne di Lorenzo da Bergamo, le 11 avril 1495.

MARQUE DE JOH. DE CERETO DE TRIDINO.

(*Juvénal*, Tridino, Venise, 1492.)

*
* *

Pungy Lingua, petit in-4° à deux colonnes, lettres gothiques. Venise, *M.CCCCLXXXXIIII, VIIII de octubrio*, sans nom d'imprimeur. Au-dessous du titre, un bois occupant la page, la *Crucifixion* décrite par M. Gruyer dans les *Illustrations des écrits de Jérôme Savonarole*, p. 36. (Bibl. Nat. Rés. Inv. D. 6876.)

*
* *

Corona de la Virgine Maria Sive Sete Alegreze; in-4°, lettres romaines. Au-dessous du titre, un bois représentant la partie antérieure de la couronne. Au verso, la copie de la *Crucifixion* précédente, d'un trait plus gros, avec beaucoup moins d'expression dans les personnages. L'ouvrage se compose de sept *tractati*. Au commencement du premier *tractato*, une petite *Annonciation* gravée au simple trait à la manière vénitienne, mais n'en trahissant pas moins le style de Botticelli. Au 2e *tractato*, une *Nativité* semblable aux plus jolies vignettes de la

Bible de Mallermi; au 3e, au 4e et au 7e, une *Naissance de la Vierge*, une *Nativité* et une *Présentation au Temple* tirées de quelque livre d'heures français de la fin du xvᵉ siècle. Dans le dernier chapitre, *Optimo modo di fabrichare la bella e grãde Corona...* la *Crucifixion* du titre reparaît. Sans nom de ville ni d'imprimeur, sans date, mais vénitien et des dernières années du xvᵉ siècle. (Bibl. Nat. Rés. Inv. D. 7193, exemplaire de Pie VI [1].)

*
* *

Virorum illustrium uitæ ex Plutarcho Græcho in latinum uersæ; infol. Au recto du feuillet *a* II, dans l'encadrement de la *Bible de Mallermi*, la gravure (reproduite plus haut) *Thésée et le Minotaure.* Lettres ornées, à fond blanc et à fond noir. Registré, pour la première partie, de *a*⁸ à s1⁰ dans le bas, et dans le haut la pagination en lettres romaines de I à CXLV ; au verso de ce dernier feuillet le registre. La seconde partie commence par la Vie de Cimon. Au feuillet A, dans l'encadrement de la *Bible de Mallermi*, Cimon à cheval, tenant le bâton du commandement, le cavalier et la monture richement équipés à la mode du xvᵉ siècle ; à terre, un bouclier avec CIMONIS. En haut, à gauche, une petite fenêtre de prison à laquelle se montre un buste d'homme, sans doute celui de Miltiade. A droite, une lettre P ornée. Une des plus jolies vignettes de l'École qui nous occupe ; la figure de Cimon est de grande allure ; le cheval d'un mouvement noble et aisé. Registré de A8 à S8 et paginé de I à CXLIII. Au bas du dernier feuillet en triangle : *Virorum illustrium uitæ... Venetiis impressæ per Ioannem Rigatium de Monteferrato Anno salutio.* M.CCCC.LXXXXI, *die uero septimo decembris.* LAVS DEO et le lis noir de Giunta. — Précieuse traduction de *Plutarque* due à plusieurs auteurs parmi lesquels le Florentin Lapo, Léonard Arezzo et le célèbre Guarino de Vérone. A la fin, après la dernière Vie de Plutarque (celle d'Othon), celle d'Evagoras, de Pomponius Atticus (par Cornélius Nepos), de Ruffus, de Platon, d'Aristote, d'Homère et enfin la Vie de Charlemagne, par Donato Accioli (Voy. p. 18).

1. La Crucifixion originale du *Pungy Lingua* reparaît dans les *Prediche de le feste correno per l'anno del reverendo padre frate Hieronymo Savonarola da ferrare...* imprimé par Lazaro di Soardi, 11 juillet 1513; elle est entourée d'un encadrement des premières années du xviᵉ siècle. (Bibl. Nat. Rés. D. 5581.) Reproduite par M. G. Gruyer dans l'ouvrage cité plus haut, p. 37.

TABLE ALPHABÉTIQUE

DES OUVRAGES MENTIONNÉS

TABLE DES GRAVURES

www.ingramcontent.com/pod-product-compliance
Lightning Source LLC
Chambersburg PA
CBHW070930280326
41934CB00009B/1808